"职"通未来再出发
——退役军人职业生涯规划指南

主 编 陈 翔 张 萌

国防工业出版社

·北京·

内 容 简 介

《"职"通未来再出发——退役军人职业生涯规划指南》一书，是专门针对退役军人群体，为退役军人择业提供帮助和指导的工具指南。该书利用职业生涯规划的理论和工具，就广大退役军人在退役后职业发展过程中普遍关心关注的问题进行交流和解读，通过案例故事的形式，帮助退役军人了解职业生涯、认识职业生涯规划的重要性，积极主动做好职业生涯规划，实现自身的生涯成长，不断提升职业成熟度和主观幸福感。为了便于大家更好地理解和实践，编写组还对书中介绍过的职业生涯规划工具和目前军队退役安置有关政策制度做了汇编整理，形成了工作"宝典"。

图书在版编目(CIP)数据

"职"通未来再出发:退役军人职业生涯规划指南/
陈翔,张萌主编. —北京:国防工业出版社,2022.9(2023.2 重印)

ISBN 978-7-118-12580-1

Ⅰ.①职… Ⅱ.①陈… ②张… Ⅲ.①退役—军人—
职业选择—中国—指南 Ⅳ.①E263-62

中国版本图书馆 CIP 数据核字(2022)第 147991 号

※

国防工业出版社出版发行
（北京市海淀区紫竹院南路 23 号　邮政编码 100048）
北京新华印刷有限公司印刷
新华书店经售

*

开本 787×1092　1/16　印张 11　字数 180 千字
2023 年 2 月第 1 版第 2 次印刷　印数 2001—4500 册　定价 45.00 元

（本书如有印装错误，我社负责调换）

国防书店：(010)88540777　　书店传真：(010)88540776
发行业务：(010)88540717　　发行传真：(010)88540762

《"职"通未来再出发——退役军人职业生涯规划指南》编委会人员名单

主　编　陈　翔　张　萌

副主编　矫仁宗　葛慕石

参　编　张小平　罗秋民　王梦婕

序 一

再出发，走好退役人生路

"在部队，他保家卫国；到地方，他为民造福。"这是全军模范退伍军人、"共和国勋章"获得者张富清的生动写照，也是千千万万退役军人坚守初心、不改本色的代表和缩影。退役军人来自人民、服务人民、回归人民、回报人民，脱下军装，依然是最可爱的人，是新时代中国特色社会主义现代化建设一支不可或缺的重要力量。早在革命战争年代，就有一批又一批军人到地方工作，为夺取中国革命胜利建功立业。新中国成立后，大批退役军人到地方工作，为加强政权建设、恢复和发展国民经济作出了重要贡献。在新的历史时期，广大退役军人顾全大局、无私奉献，成为改革开放的时代弄潮儿，取得了突出业绩。

党和国家历来对退役军人服务工作高度重视，特别是十八大以来，专门成立退役军人服务管理机构，相继出台一系列退役军人就业安置优抚政策，退役军人服务和保障水平不断提升。习近平总书记在接见第六次全国军转表彰大会暨军转安置工作会议代表时深情地说："见到大家感到十分亲切""广大军转干部要牢记生命中当兵的历史，自觉弘扬人民军队光荣传统和优良作风，在人生的不同阶段、不同岗位上继续出色工作、活出精彩人生"。这些话语，饱含着总书记对退役军人关心关爱和殷切期望。

广大退役军人赶上了好时代、好政策，也感受到了实实在在的温暖。如何抓住当前利好机遇顺势而为，做好退役后的二次人生规划，实现华丽转身，是每一名退役军人需要回答的问题。同时，做好退役军人就业帮扶工作，需要汇聚政府、企业、个人方方面面的力量。基于此，融通人力资源开发有限公司作为中国融通集团专业化人力资源服务平台，立足融通、服务军队、辐射社会，致力为退役军人就业创业提供服务保障，在每年退伍季深入军营开展退役军人就业讲座、退役军人专项招聘会的基础上，组织力量编写此书，旨在探索通过人力资源科学理论和方法，帮助退役军人规划退役人生路，开启人生新篇章。此书兼具理论性和实用性,有许多退役军人的鲜活事例,既是退役军人进行生涯规划的参考指南,也是系统了解有关政策和知识点的工具书。

只有干出来的精彩,没有等出来的辉煌。希望广大退役战友继续发扬军队的光荣传统和优良作风,珍惜军人荣誉,保持军人本色,迈好工作转轨、事业转型、人生转身的关键一步,在"第二战场"上勇闯新路、再立新功。

军委资产管理监督委员会办公室原专职副主任、少将军衔

序 二

生涯有梦，何须他人为我加冕

2020年8月，山东青岛，海军某部礼堂。

台下座无虚席，经过军营数年锤炼的一批老兵即将退出现役，奔赴人生新战场，此刻正在接受脱下军装前的重要一课；台上资深职业生涯规划师"明心老师"正以"生涯有梦，何须他人为我加冕——退役军人职业生涯规则"为题，运用生涯规划理论，以由浅入深的分析、析事悟理的讲解，对即将退役的士兵们进行择业观的引导和校正，帮助他们拨开思想迷雾，在退役择业之路上点亮明灯。

在这次面对面地与退役军人亲密接触，以及接下来的一段时间里，明心老师了解到很多战友希望能够全面、系统地了解退役军人择业那些事儿。这既是此书的写作初衷，更是写作的动力源泉——助力退役后的战友在就业择业过程中不迷茫、不偏航，完成军旅华丽转身。在使命感、责任感的双重感召下，明心老师凝聚一批在人力资源服务领域、职业生涯领域，以及具有军旅经历的专家学者和行业大咖，就如何编写一本专门介绍退役军人职业生涯规划的书籍齐心协力，聚智攻关。

经历数十位伙伴、数百天的笔耕不辍后，明心老师面对沉甸甸的书稿，看到一批又一批的退役战友即将奔赴新的人生，感慨道：生涯有梦，何须他人为我加冕！

你职业路上的"明心老师"

2022年8月于北京

前　言

退役军人是党和国家的宝贵财富。退役军人就业安置工作,历来是部队上下高度关注的重难点问题,事关广大退役军人切身利益,事关国防和军队现代化建设,事关国家改革发展稳定大局。

国家历来重视退役军人的就业问题,适应社会主义市场经济发展,对退役军人的安置就业政策进行了一系列调整改革。特别是党的十八大以来,先后修订出台了《中华人民共和国兵役法》《退役士兵安置条例》等一系列政策法规。2018年4月,国家专门组建退役军人事务部,负责退役军人事务工作。尤其是2021年1月1日起施行的《退役军人保障法》,第一次从国家法的层面维护保障退役军人的合法权益。

习近平总书记在2021年召开的中央人才工作会议上明确指出:"人才是实现民族振兴、赢得国际竞争主动的战略资源"。广大退役军人在军队工作期间,培养锻造了过硬的政治和军事素养,形成了特别忠诚、特别过硬的作风品格。这里面,既有基层一线成长起来的优秀指挥员和管理骨干,也有身怀绝活的技能人才,还有已成为业界翘楚的技术能手……这些退役军人,是推动国家和社会发展进步的宝贵人才资源、竞争资源、战略资源,必须高度重视他们的"二次择业"问题。

如何推动和促进退役军人安置就业,军队单位、退役军人事务部门和社会各界等始终高度关注,已经形成"政府机构、事业单位及社会公众力量"三重结构的退役军人保障服务体系,各项政策制度也日趋完善。但实事求是地讲,退役军人安置就业作为一项复杂的系统工程,涉及国家、社会领域的方方面面,不可能一蹴而就,尤其是随着社会主义市场经济体制的逐步完善,国家经济体制改革和干部人事制度改革的进一步深化,以及国家企事业单位用人机制的自主化、市场化,退役军人安置就业工作也出现了一系列新情况新特点。

据某部机关对拟退役战士就业意向问卷调查分析,从选择退役安置方式情况看,48%的退役老兵选择应聘就业,38%的选择自主创业,选择政府安排工作的只占14%。这充分显现新时代退役军人的就业意向多元化,政策性安置并非退役士兵的唯一选择。同时也反映出退役军人保障法出台后,退役士兵选择逐月领取退役金、自主就业创业,有可能成为主旋律。从"最希望部队提供什么帮助"看,36%的拟退役老兵希望部队能组织专门的招聘会,38%的希望由部队向用人单位推荐,26%的希望组织政策辅导。班长骨干、岗位精兵、优秀士兵或有一技之长的退役士兵,将是企业选人用人的首选。从"最希望地方政府提供什么帮助"看,24%的拟退役老兵希望参加技能培训,40%的老兵希望政府能提供更多的就业平台、用人信息,36%的希望给予政策支持。解决退役士兵就业创业难题需要汇集各方智慧和力量,现在急需的就是要在军队与地方、退役士兵与用人单位之间搭建起一座桥梁。

伴随着退役军人群体主动拥抱社会、拥抱市场,主动求职择业和自主创业将成主流趋势。如何帮助退役军人更好地与地方经济发展对接,如何帮助退役军人实现创业理想或者把握就业机遇,如何帮助退役军人找到适合、满意的工作……这些问题,引发了我们对如何利用职业生涯规划的理论和工具来为退役军人未来择业提供指导的深度思考。

出版此书的初衷是针对广大战友在退役后职业发展过程中普遍关心关注的问题进行交流,通过案例故事的形式,辅助于常见工具,帮助退役军人了解职业生涯、认识职业生涯规划的重要性,并积极主动做好职业生涯规划,实现自身的生涯成长,不断提升职业成熟度和主观幸福感。为了便于大家更好地理解和实践,我们将书中介绍过的职业生涯规划工具和目前军队退役安置有关政策制度做了汇编整理,形成了工作"宝典"。

本书的读者对象主要为退役军人或即将退役的军人,也可为关心关注退役军人的各界人士参考。通过阅读本书,可以掌握了解生涯规划的基本理念和工具方法,了解自己的职业兴趣、能力和价值观,了解你与现有职业的匹配程度及适合从事的职业,了解适合职业的各类信息以及获取这些信息的渠道,了解职业痛点和发展瓶颈的根源及应对方法,了解你当下生涯阶段的特点和主要角色,最终制定可操作的生涯发展行动方案。

本书的编写,是融通人力资源开发有限公司践行为军首责、聚焦退役军人、发挥专业优势、推动就业帮助的有益尝试。探索为退役军人服务的方法路子,是一项系统工程,需要在不断深化为退役军人服务的过程中,真切回应迫切需求,不断触发灵感、创新课题,实现我们的服务与退役军人的需求无缝衔接。后续,我们还将围绕"生涯规划"这个主题,编写出版适合退役军人阅读的就业、理财、心理、家庭等诸多方面的系列图书。

本书编写组,既有在军队工作多年的退役军人,也有生涯规划领域的专家学者,还有实践经验丰富的职场精英。本书在编写过程中,得到了国家和军队退役军人相关主管部门、中国融通文化教育集团等单位的大力支持,并参阅了当前国内外领域大量生涯规划相关资料和成果,同时也查阅了军队关于退役军人就业相关政策及图书资料,在此对这些资料的作者致以诚挚的谢意。

尽管我们秉承严谨细致的态度,但因能力水平有限,书中难免存在一些不足之处,恳请广大读者、学界同仁、实践工作者等批评指正。我们将在实践中不断完善改进,为退役军人就业服务做出更大的贡献。

本书编委会
2022 年 8 月

目 录

第一章　退役军人的生涯世界是什么样子？ ... 1
一、什么是生涯？ ... 1
二、退役军人需要职业生涯规划吗？ ... 4
三、应该如何开始我的职业生涯规划呢？ ... 5
四、对于职业生涯规划，有哪些认知误区？ ... 6

第二章　退役后我适合什么工作？ ... 10
一、为什么你不清楚自己适合什么工作？ ... 11
二、我该怎样理解职业定位？ ... 12
三、我该怎样明确职业定位？ ... 15
四、明确方向，扬帆起航！ ... 23

第三章　退役后我能做什么工作？ ... 24
一、我转业后到底能干点啥？ ... 25
二、能力可以修炼提升吗？ ... 26
三、我该怎么找到自己的能力优势？ ... 27

第四章　职业世界是什么样子？ ... 36
一、当今的"世界"是什么样的？ ... 36
二、放眼职业世界，一份新职业从哪里开始？ ... 38
　　（一）"三百六十行都是啥？我去哪一行？" ... 38
　　（二）"东南西北中，我去哪个地方？" ... 42

　　　　(三)"组织类型多种多样,我该如何选择?" ·················· 44
　　　　(四)"公司法人治理结构该如何理解?" ······················ 46
　　　　(五)"一般的组织都有哪些职能?我可以去干啥?" ········· 47
　　三、个人的职业发展路径有哪些打开方式? ······················· 51
　　四、我该怎样了解到真实的职业世界? ···························· 53
　　　　(一)搜集信息 ··· 53
　　　　(二)与人访谈 ··· 54
　　　　(三)开展思考 ··· 54

第五章　退役后如何开始求职行动? ································ 56

　　一、靠谱的就业信息渠道有哪些? ································· 56
　　二、我该如何准备求职材料? ··· 59
　　三、我该如何准备笔试? ·· 62
　　　　(一)适合退役军人报考的笔试类型及内容有哪些? ··········· 63
　　　　(二)参加笔试时,主要有哪些注意事项? ······················· 65
　　　　(三)线上笔试应该如何准备? ·· 66
　　四、我该如何准备面试? ·· 67
　　　　(一)面试要注意什么? ··· 67
　　　　(二)如何回答面试常见问题? ·· 68
　　　　(三)如何准备视频面试? ·· 69
　　五、求职应聘还要特别注意什么? ································· 71

第六章　两个都是好工作,我选哪一个? ························· 74

　　一、我为什么很难作出选择? ··· 74
　　二、职业价值观到底是什么? ··· 75
　　三、我该如何探求自己的职业价值观 ····························· 76
　　四、我的两难问题到底该怎样解决? ······························ 80

第七章　除了工作,我的人生还有什么可能? ··················· 84

　　一、为什么我的生活焦头烂额? ····································· 84

二、如何走出迷茫、走向幸福？ ································· 86

第八章　退役军人职业生涯宝典之政策宝典 ··················· 91

一、退役军人安置就业有关政策问答100问 ··················· 91
（一）逐月领取退役金安置政策方面 ························· 91
（二）退役士兵安置政策方面 ····························· 94
（三）退役士兵教育培训政策方面 ·························· 105
（四）退役士兵就业创业政策方面 ·························· 107
（五）退役士兵社会保险政策方面 ·························· 111
（六）国家优待、抚恤、救助援助等政策方面 ·················· 114

二、转业干部安置流程及注意事项 ·························· 117
（一）团职以下（含）计划分配转业干部安置工作流程及时间节点 ··· 117
（二）报到流程 ·· 120

三、逐月领取退役金退役干部离队手续办理流程 ············· 123
（一）介绍信资料 ······································ 123
（二）落户相关资料 ···································· 123
（三）办理流程 ·· 124

四、退役士兵移交安置手续办理及注意事项 ················· 126
（一）退役士兵离队前和返乡后需办理的手续 ················ 126
（二）退役士兵离队时需结算的经费 ······················· 127
（三）放弃安排工作待遇、选择灵活就业申请程序和相关待遇 ···· 128
（四）"视为放弃安置待遇"和"视为放弃安排工作待遇"的认定管理 ···· 129
（五）因特殊情形不能按时报到和办理安排工作手续的处理 ····· 129

第九章　退役军人职业生涯宝典之工具宝盒 ················· 131

一、霍兰德职业兴趣测试量表 ···························· 131
二、职业世界地图 ···································· 140
三、职业兴趣岛 ······································ 141
四、成就事件法 ······································ 143
五、舒伯职业价值观量表 ······························· 144

六、职业价值观自我筛选表 ………………………………………… 146

七、生涯幻游 ………………………………………………………… 147

八、职业生涯人物访谈 ……………………………………………… 148

九、职业生涯决策平衡单 …………………………………………… 151

十、角色饼图 ………………………………………………………… 153

十一、生涯瞄准器 …………………………………………………… 154

参考文献 …………………………………………………………………… 157

后记 ………………………………………………………………………… 158

明心水彩作品《探索》

第一章
退役军人的生涯世界是什么样子？

战友们，提起生涯，你是否熟悉和了解呢？

也许，你首先想到的是军旅生涯。军旅生涯虽然只是我们人生长河中的一点浪花，但是值得我们一生去怀念，是一生中最重要、最宝贵、最精彩的生命旅程。"人生最美是军旅"，我们以热爱的名义献身使命、献身国防，钢铁长城上永远有用我们的血汗书写的精彩华章，用我们的血肉之躯筑起的坚强堡垒。

是啊！穿不够的军装，唱不够的军歌，握不够的钢枪，见证着我们彼此的青春，镌刻着我们人生的豪迈——这就是我们的军旅生涯。那么，究竟什么是生涯呢？

一、什么是生涯？

——明心老师金句：生涯之学即应变之学。

说到生涯，很多人会想起庄子的名言"吾生也有涯，而知也无涯"。古代中国人把"生涯"看成是"人生的极限"，人之形、性、愚、智、修、智、短，各有所极，道出了生命的极限，有生即有涯。随着古人对生涯的探索，"生涯"在中国人的概念中，又与"生计""志业"或"命运"等词含义有些相通，充满了中国古代先贤的哲学智慧。

我们现在常讲的"生涯理论"，起源于100多年前的西方，在西方工业革命后期，由于大量职位空缺，无业人员急需工作，需要方法快速匹配工作，这就导致了职业测评的出现，按照职业测评的结果来定岗定位。主要代表理论有帕森斯特质理论和霍兰德类型论。随着时代发展，尤其是在第二次世界大战后，由于百废俱兴、经济大发展，人们渴望稳定与幸福,致使人本主义思潮兴起,以罗杰斯的当事人中心疗法、马斯洛的需求层次论以及舒伯的生涯理论为代表,个人在从事工作时的内在满足感和尊严成为职业选择与发展的重要依据,强调职业生涯规划应当满足人在各个发展阶段的内在需求。进入20世纪70年代后,舒伯的生涯理论以及生涯彩虹图被越来越多的生涯研究者所接受,生涯理论越来越趋于完善,逐渐成为一门与心理学处于交叉领域的专门学科。进入21世纪,伴随信息时代的高速发展、瞬息万变的不确定性以及人们更多追求内心的丰盈,相继提出了叙事导向生涯咨询和生涯混沌理论,让人们更多地思考我们的生命存在着什么可能?我们不再是齿轮,我们也不再是按照地图旅行的旅人,我们的人生存在无限的可能。

生涯理论发展的百年史,是随着时代发展的进化史,也是被实践验证过的科学史。20世纪80年代,生涯理论进入我国,到目前仅有几十年的发展时间,却愈发得到人们的重视。尤其是美国职业心理学家舒伯,已成为全球生涯发展研究者眼中的"网红"学者,他提出的生涯学术体系是世界职业规划与生涯教育领域集大成者,形成特色鲜明的舒伯学派,广受推崇。

舒伯认为,生涯是以人为中心的,一个人的生涯就像彩虹一样多彩多姿,它统合了一个人一生中依序发展的各种职业和生活的角色,个人对工作的投入而流露出独特的自我发展模式,它也是人生从青春期一直到退休之后,一连串有酬劳或者无酬劳职位的综合。除了职业之外,还包括任何和工作有关系的角色,如学生、受雇者、领退休金者,甚至也包括了副业、家庭、公民等角色。

从舒伯的理论可以看出,生涯是一个人的生命历程,也是一个人的生活形态,包含了与个人工作生活有关的所有活动。生涯本身的界限,虽然并未大到与生命或生活对等,但却也没有小到仅仅包含工作职业,生涯本身具有丰富的内涵与范围。在舒伯理论的基础上,综合国内外专家学者的观点,生涯具有以下诸多特性:

(1)生涯是有方向可循的。它是生活里各种事态的连续演进方向。这个方向是基于个体的自我认知、兴趣、特质、能力等方面共同决定的。梳理那些成功人士的一生,他对世界的看法、自己的价值观、父母对他的影响,都会影响他的生涯方向。但最终,自己才是自己生涯的舵手,你内心的价值观,决定了生涯的走向。

(2)生涯是贯穿人的一生的。生涯的发展是一生当中连续不断的过程。你现在的工作,就是你以前所有积累的结果,未来你想做不同的工作,你就需要从现在开始,做未来相应的积累。你的每一步,对你的生涯都有影响。不管是正向的,还是负向的,都具有时间上的连续性。

(3)生涯是由多角色构成的。一般而言,一个人的生涯是以事业的角色为主轴的,也包括了其他与工作有关的角色。这些角色也在影响着职业角色,例如职场女性,她除了是职业工作者以外,可能还是妻子、母亲、女儿等,这些角色都是生涯的一部分。

(4)不同的人有不同的生涯。我们之所以跟别人不一样,就因为我们每个人所遇到的事情不一样,我们的生活境遇不一样、价值取向不一样、决策选择不一样,成就了每一个与众不同的生涯。正因为这种独特性的存在,我们才会觉得人生绚烂多彩,充满意义。

(5)生涯是可以规划管理的。人的一生受到很多客观因素影响,遗传、阶级、文化、机遇等,但是,人是不会受外在环境因素制约一生的! 生涯的主动权就在每一个人自己的手里,当我们主动思考、努力、改进,就可以通过不断的努力改变客观存在的一切。所以说:只要去做,人生一切皆有可能。

从前面的介绍了解到,在生涯理论发展早期,生涯的研究发展起源于职业规划研究。从生涯理论诞生至今,很多专家学者对影响职业生涯的要素进行研究。例如,早期的帕森斯生涯理论认为职业需要4个要素:职业所需特质、职业的分类与内容、职业所需能力和各类职业报酬率;对应地,人们一般具有4种特质:人格、兴趣、能力、价值观。当个人特质与职业要素之间获得了良好的匹配,个体在工作满意度等方面就会获得巨大的提升。为了便于理解,我们抽取了人们一般具有的4种特质作为基本要素,考虑到人格是一个人心理特征的综合特质,很难因为外部因素发生改变,是相对稳定的结构,所以在研究中重点关注其他3个要素,也就形成了适合退役军人职业生涯的3个重要影响因素——兴趣、能力、价值观,如图1-1所示。

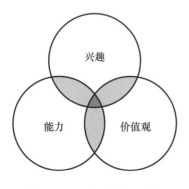

图1-1 职业生涯三要素

(1)兴趣是以需求为基础的,个体对某件事情有所需要,就会热心于接触关注这件事,在做事情的时候自然能够觉得有趣。自己的兴趣往往决定了所选择的行业方向。兴趣是成功路上最大的动力,因为感兴趣他会心甘情愿地去付出,不问回报地去努力。在默默的耕耘付出之中能够坚持初心不忘始终,几十年如一日地奋进最终获得成功,赢得别人的赞美与掌声,毕竟有志者事竟成,所以才有后来的"三千越甲可吞吴"的光辉事迹。

（2）能力是完成一项目标或者任务所体现出来的综合素质,往往是顺利达成目标的必要主观条件。假如在工作中能够充分发挥自己的能力,个体将会收获成就感,从而提升自己的工作动机。值得一提的是,人无高低贵贱之分,却有天赋强弱之别,这是上天赋予我们的,没有办法改变,但是能力是可以经过后天的艰苦努力不断提升的。

（3）价值观是基于人的一定的思维感官之上而作出的认知、理解、判断或抉择,从而体现出人、事、物一定的价值或作用。具体到职业选择领域,每种职业都有各自的特性,不同的人对职业意义的认识,对职业好坏有不同的评价和取向。不同人因具有不同的价值观,在工作中看重的回报也会不同,当职业回报和自身价值观达到高度符合的时候,个体能够从工作中获得巨大的满足感。例如,有助人价值观的人,在工作中如果可以帮助到其他人,就会觉得工作很有价值,产生满足感;而对审美比较注重的人,如果能在工作中设计或者接触美的事物,也会感到满足。在面对重大抉择的时候可以坚持自己的原则和底线,不至于误入歧途最终使自己的事业一败涂地。

二、退役军人需要职业生涯规划吗?

——明心老师金句:职业幸福就是发现梦、找到路。

退役军人经过部队多年历练,大多具备坚定的政治品格、严格的组织纪律、旺盛的工作干劲,以及服从命令、不怕吃苦、乐于奉献等优良品质,这些都是退役军人的优势,对于未来生涯发展具有很大帮助。一大批军人出身的优秀企业家在事业取得成功后,都感恩军旅的锤炼磨砺。正因为军队期间锻炼出来的优秀品质,让自己在职业发展之路如虎添翼。

但在现实中,明心老师了解到,很多战友在退役后还是有这样那样的困惑和迷茫,通过调研了解,主要感到有5个方面的倾向:一是靠运气、少认知,分配什么工作,就干什么工作;二是求稳定、缺闯劲,希望工作找到"铁饭碗";三是有梦想、不实践,想法一大堆,不敢迈出实践第一步;四是等靠要、不主动,随着国家对退役军人就业政策的逐步完善、向上向好,将希望寄托于国家的政策上,等着好政策安置好工作;五是多悲观、不自信,面对生活改变不适应、找工作不适应等,悲观情绪占主导。

面对战友们的这些困惑和迷茫,明心老师认为,退役军人虽然曾经在军队取得诸多成就,但这不代表不需要职业生涯规划。明心老师热切希望能够帮助战友们顺利完成从军人向社会人的改变,并通过职业生涯规划,实现人生二次飞跃。古语讲,凡事"预则立,不预则废",一个人如想做好一件事,是需要一个科学合理的计划的。对于一个人的生涯发展也是如此,要有计划、有目的,通过职业生涯规划提升应对竞争的能力,做到心中有数,不打无准备之仗。

三、应该如何开始我的职业生涯规划呢?

——**明心老师金句:现实是此岸,理想是彼岸,行动是连通两者的桥梁。**

人生有梦,筑梦踏实,将自己的梦想,以阶段性的小目标,落实在具体的计划中,然后身体力行,积极实践,就是职业生涯规划最具体的表现。如何进行职业生涯规划呢?总的来讲,职业生涯规划=知己+知彼+抉择,简称"职业生涯行动三步曲",如图1-2所示。

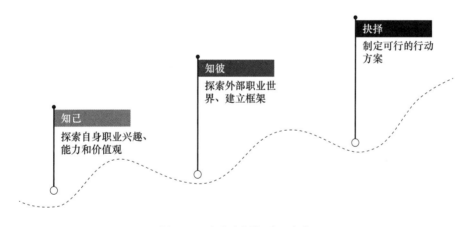

图1-2 职业生涯行动三步曲

第一步,自我探索。影响职业生涯的因素包括兴趣、能力和价值观。我们工作中遇到的很多迷茫和苦难是源于对自身的不了解,所以自我探索重点是就自身的职业兴趣、能力和价值观进行探索。那究竟什么样的职业是理想的职业呢?一般来说,我们从事的工作,当一份职业满足上述三者之一,就可以成长为适合我们的工作。而当一份工作,既能够满足你的兴趣,又具备足够的能力素质,还需要符合你的价值观,三者重叠部分就是你的职业金三角,如图1-3所示,这个状态就是你整个生涯规划的高光点,生命谜题的面纱被逐渐揭开,你找到了解决问题的力量。自我探索的主要方法分两类:正式评估和非正式评估,在接下来的章节中均会讲到。

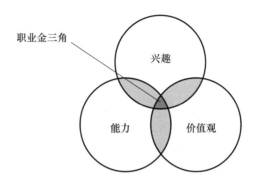

图1-3 职业金三角

第二步,职业探索。这个阶段会重点探索外部职业世界,获取职业信息的渠道,建立框架,补充添加。通常,可以采用查阅、讨论、参观、实习和访谈的方法,其中对宏观环境的探索,主要采取查阅和讨论的方法,而对行业环境、组织环境、岗位环境的探索,除了通过查阅资料和讨论外,还可以通过实地参观、实习及对相关专业人士进行访谈的方式开展。具体怎么开展职业探索、职业探索过程中有什么需要注意的问题,我们在第四章、第五章中详细介绍。

第三步,决策行动。法国20世纪哲学家萨特曾经讲过一句话:"我们的决定,决定了我们。"在完成了上述两个阶段后,职业困惑和问题在认知层面逐渐清晰,那么可以做什么改变呢?通过制定可行的行动方案,最终落实在行为层面,实现问题解决。在这里,有两点需要大家注意:一是生涯决策的过程,别人不能替你决定,你必须自己来;二是生涯决策的4个原则为择己所爱、择己所能、择己所需、择己所利,也就是选择自己所爱的,选择自己可以做的,选择自己所需要的,选择对自己有利的。

四、对于职业生涯规划,有哪些认知误区?

——**明心老师金句:在"以不变应万变"中找到自己独特的"不变"。**

明心老师一直强调,退役军人在踏入社会后,要重视个人的职业生涯规划。但现实中,部分战友还是对职业生涯规划认识不清,有的还存在这样或那样的认知误区。常见的8种认知误区如图1-4所示。

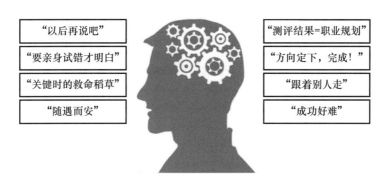

图1-4 职业生涯规划的8种认知误区

误区一:以后再说吧。

以后再说,其实是你的"拖延症"在作祟。我们常讲"书到用时方恨少",对于职业生涯规划也是如此,不能说现在用不到就不提前谋划。对于职业生涯,长线的规划非常重要,就跟带兵打仗一个道理,作为指挥员,我们既要重视一时的、局部的胜负,更要重视战略谋划,从长远角度谋划战争,做好战略预判,只有这样,才能取得战争的胜利。

对于我们的人生,何尝不是这样呢?

误区二:要亲身试错才明白。

有些人,会虚心吸取别人的经验和教训,生怕自己走错了路;而有些人,要亲自犯一些错误,亲自遭遇一些挫折,才会清醒。的确,经历困难和挫折,会让一个人得到成长,但并不是所有的困难和挫折你都要经历。能够提前合理规避的,你为什么又一定要亲自去尝试呢?如果你还想着去尝试和经历一些本来应该可以规避的错误,那么,你的职业生涯定会付出更多的成本。

误区三:关键时的救命稻草。

很多人都是在看不到希望的情况下,才会想到做职业生涯规划。但我们要告诉你的是:职业生涯规划并不是你走投无路时的救命稻草!就像医生看病一样,如果已经病入膏肓,那再高明的医生恐怕也无回天之力。

误区四:随遇而安。

很多人会说世事变化无常,与其刻意计划,不如随遇而安。貌似说这话的人都很"潇洒",但一旦问题来到眼前时,恐怕你就"安"不了。第一,你没有"根",就永远只能四处飘着,永远也无法活得很扎实;第二,正因为你没有"根",所以无法构建你的成长之基和核心竞争力,所以你在职业生涯中无法得到快速成长;第三,正因为你随遇而安,根基不牢,哪怕遇到一点点"风"险,你就会无法立足,因为你没有任何抗击风险的能力!如果你没有构建任何适应竞争、抗击风险的能力,那么,当下一次危机来临时(这种危机,或许是别人对你的威胁和竞争,或许是组织结构的调整,或许是并购,或许是倒闭,又或许是一次更猛烈的经济危机),你会不堪一击,第一个倒下的就是你。恐怕那个时候的境况,就不会像你今天说话的时候那样"潇洒"了吧?

随遇而安,是因为你的内心在逃避现实;积极行动,构建自己的核心竞争力,你同样可以做到以不变应万变。

误区五:测评结果=职业规划。

请相信你自己!所有的工具都是帮助你更加了解你自己,而不能完全替代你内心的思考。本书接下来介绍的一系列职业生涯规划工具的测评结果,仅仅是让你坚定内心正确方向。虽然这些工具都是前人经过多年努力测评验证具有很高信效度的"热门产品",但它们从来都不是什么"命运"的决定因素和正确走向。

误区六:方向定下,完成。

确立目标,只是成功职业生涯规划的第一步,而这个目标到底能否实现,就要看实施和执行的效果。如果只是确立了目标,而没有确定相应的实施路径,那么这样的规划只是成功了50%。

误区七:跟着别人走。

你为什么想考研?因为周围的人都在考研。

你为什么想进国企?因为大家都说国企稳定待遇好。

你为什么不愿意改变自己?因为周围的人和你一样,同样处于这种状态。

很多人也有自己的想法,但一旦自己的想法得到周围人的反对或质疑时,他的这种想法就会迅速打消。

每个人的价值观是不一样的,因此,当你征求别人的意见时,他们只是基于自己的价值观去思考问题,并不是站在你的立场上。因此,别人的意见到底是否适合你,还取决于你自己内心的想法。举个例子,有些人说当老师是个不错的选择,而喜欢挑战的人则会觉得老师束缚太多,不如当个企业家。

你的路到底怎么走,只有你自己选择。那些曾经给予你建议的人,即使若干年后证明他们的建议是错的,他们也不必为当初的建议负任何责任。你一定要明白,你的路只在你自己手中!

误区八:成功好难。

成功很难吗?成功是主观意识和客观参照的综合体,但关键还是取决于你自己是怎么定义成功的。另外,成功也是区分维度的,除了职业发展、事业进步外,身体健康、家庭和睦、亲朋环绕也都是成功的维度之一。

你认为,年薪百万是成功吗？相对于富豪来讲还是有点少。

你认为,官居高位是成功吗？应该总有一个领导比你职位高。

…………

也许,对于刚刚转身的你来说,得到一份满足个人爱好又足以胜任的工作,就是当时那一时刻的成功。

你要相信,在你构建的国度里,你就是最成功的那一位。

第二章
退役后我适合什么工作？

俗话说，铁打的营盘流水的兵，但属于自己的"退役季"到来之时，许多战友还是猝不及防。军士小陶出生在河南一个偏僻的小山村，他从小性格外向活泼，喜欢写写画画，虽然只是初中毕业，但却练就了一手好字。入伍后，他表现积极向上，经常帮助连队出板报、搞活动，领导和战友们都特别喜欢他。后来他被选调到政治机关，负责制作条幅、展板、宣传册，帮助打字、复印、放电影，管理图书、礼堂、俱乐部，很快成为机关干部的好助手、部队有名的小能人，多次受到表彰奖励，并作为老兵骨干选取为军士，是同乡战友中口口相传的佼佼者。正在某医科大学读书的小芳，是小陶初中的同班同学，听到他在部队的成长进步后产生好感，主动与小陶取得联系，通过加深了解、倾诉心声，逐步建立了恋爱关系。

俗话说人生不如意十有八九，每个人都会面临着各种各样的烦恼。正当小陶积极投身工作、准备谈婚论嫁，事业爱情双丰收的关键时刻，他中士8年服役期将满，恰好赶上部队调整精简、压缩编制，晋升上士成为泡影。要知道，如果顺利晋升为上士，即使以后退役也可以转业安置工作，而目前他只能离开军营、复员回家。自己一无学历二无技术，今后何去何从？小陶陷入了从未有过的纠结和迷茫！一方面，自己作为家里的长子，上有年迈多病的父母需要赡养，下有两个在家务农的兄弟需要帮扶，如何承担起繁重的家庭压力？另一方面，女友作为985高校毕业生，已在大城市就业，现为某公立医院医生，工作稳定待遇好，下一步自己无工作无收入，如何面对双方的差距？能否经受现实的考验？小陶百思不得其解，整日郁郁寡欢。

退役前夕，小陶所在部队邀请融通人力公司就业中心的专家，组织开展"退役季进军营"专场招聘及生涯咨询活动。活动期间，该部领导张主任重点介绍了小陶的情况，并请融通人力公司资深生涯规划师明心老师为他提供咨询服务。明心老师了解情况后,笑着对小陶说:"你的迷茫,其实是找不到真正的方向,不知道自己适合什么样的工作"。接着,明心老师跟小陶谈起了心,引导他一步步找寻前行的方向。

一、为什么你不清楚自己适合什么工作?

——明心老师金句:迷路不是因为没有方向,而是方向太多。

根据小陶的情况,明心老师首先引导他进行了个人分析,使他明确,既然留部队工作已无可能,必须认清现实、面向未来。你之所以困惑和迷茫,主要是适应了部队的工作,从未考虑过自己未来的可能性。我们军旅生涯很多年,回头来看,都是一段值得回忆的宝贵记忆。但如果从生涯角度来分析,军人只是我们多个人生角色中的特殊一个,军旅时光也仅仅是漫长人生旅途中的一段风景。随着退伍返乡、步入社会,我们的生涯变得更加丰富多彩,多个角色的出现,多种未知的挑战,让我们一生之中可能会作出多次职业选择行为。在离开部队之初,我们遇到了第一次重要的职业选择,即使是在军队工作多年的转业军官,也会因为以前没有经验参考,对社会生活、职业世界等都不够熟悉,难免会惶恐和迷茫,不知道该何去何从。

"迷路不是因为没有方向,而是方向太多"。你当前的惶恐和迷茫,其实更多的是找不到真正的方向! 茫茫职场,何止三百六十行? 站在人生的十字路口,真的不知该选哪条路、该往哪里走。

那么,为什么会有惶恐和迷茫呢? 因为你的职业定位不够明确、清晰。职业定位就像人生旅途中的导航系统,要想顺利到达某个目的地,导航系统具有非常重要的指引作用。职业定位不同(如有的选择公务员,有的选择事业编,还有的可能选择自主创业、灵活就业等),目标方向就不同,选择的导航路线也不同;由于个人的情况不同,导致设定的导航条件不尽相同(如有的选择走公路,有的选择走小路,还有的独辟蹊径自己走出一条路来),到达同一目的地也就有快有慢。从阶段性来看,职业定位就是解决当下选择什么行业、从事什么职业、得到什么岗位等非常具体的问题,而这份工作是你在理性审视自我的前提下认为适合的工作。因此,解决好了职业定位问题,你就会知道自己适合什么工作,到底该往什么方向走了。

二、我该怎样理解职业定位?

——明心老师金句:兴趣既是老师,也是探求职业定位的向导。

见到小陶开始懂得职业定位的重要性。明心老师进一步帮助他了解更多职业定位相关知识。明心老师介绍道,刚才我们提到导航软件大家应该都用过,只需输入地址,导航软件就会自动指引你怎么走。在找工作这件事上,怎样找到和运用合适的工具,帮助我们匹配到适合的工作呢?

小陶很感兴趣,但是又不知道这样的工具是什么。明心老师继续说道,为了探求职业方向,很多专家学者都提出了自己的观点、理论和学说。在美国约翰·霍普金斯大学有一个叫霍兰德(John Holland)的心理学教授,作为美国著名的职业指导"大腕"级人物,他提出了具有广泛社会影响的人业互择理论(也称霍兰德六角型理论、职业兴趣理论)。人业互择,主要指劳动者与职业的相互选择或适应,通俗地讲,就像我们找对象一样,不是哪一方一厢情愿,而是相互之间产生好感,相互爱慕,共同选择。霍兰德认为,同一类型的劳动者与职业互相结合,才能达到适应和适宜状态,其才能与积极性才会得以很好地发挥。从前人研究成果和实践经验看,我们的择业倾向,往往更多地反映在职业兴趣上。我们常说,兴趣是最好的老师。霍兰德也认为,凡是具有职业兴趣的职业,都可以提高人们的积极性,促使人们积极地、愉快地从事该职业。简单地说,有兴趣才能有干劲,有干劲往往才能干得好。

介绍到这里,明心老师请小陶认真想一想:你有什么兴趣?自己喜欢什么、能做什么?小陶思考半天,仍然一脸茫然地说:我也说不上自己有什么兴趣,但很喜欢在部队的工作,很愿意为部队服务,通过这几年的历练,我已经驾轻就熟,也很有成就感。明心老师听了之后接着说:是啊,正是因为你喜欢这份工作,所以才愿意从事并能够干好这份工作,才会感到很有意义、很有价值,也很有成就感,你虽然在学历上没有优势,但却并非一无所长,有些你在部队愿意做的,复员到地方后一样会有用武之地。接下来,明心老师向小陶更加具体地介绍起了霍兰德的基本理论。

为了实现人业互择,霍兰德根据职业兴趣,将职业划分为6种基本类型:研究型I、艺术型A、社会型S、企业型E、事务型C、现实型R。相应地,也有6种类型的人适合从事和自己类型相同的职业。对不同类型的人,通过一系列测评,可以确定他的职业类型,从而可以从对应的职业中进行选择,达成人岗匹配的目标,如图2-1所示。

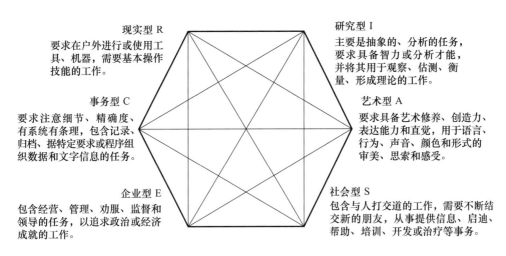

图 2–1 霍兰德人业互择理论

1. 研究型 I

人格特点:抽象思维能力强,求知欲强,肯动脑,善思考,不愿动手。喜欢独立的和富有创造性的工作。知识渊博,有学识才能,不善于领导他人。考虑问题理性,做事喜欢精确,喜欢逻辑分析和推理,不断探讨未知的领域。

典型职业:科学研究人员、工程师、电脑编程人员、医生、系统分析员。

2. 艺术型 A

人格特点:有创造力,乐于创造新颖、与众不同的成果,渴望表现自己的个性,实现自身的价值。做事理想化,追求完美,不重实际。具有一定的艺术才能和个性。善于表达、怀旧、心态较为复杂。

典型职业:艺术方面(演员、导演、艺术设计师、雕刻家、建筑师、摄影家、广告制作人),音乐方面(歌唱家、作曲家、乐队指挥),文学方面(小说家、诗人、剧作家)。

3. 社会型 S

人格特征:喜欢与人交往、不断结交新的朋友、善言谈、愿意教导别人。关心社会问题、渴望发挥自己的社会作用。寻求广泛的人际关系,比较看重社会义务和社会道德。

典型职业:教育工作者(教师、教育行政人员),社会工作者(咨询人员、公关人员)。

4. 企业型 E

人格特征:追求权力、权威和物质财富,具有领导才能。喜欢竞争、敢冒风险、有野心、有抱负。为人务实,习惯以利益得失、权利、地位、金钱等来衡量做事的价值,做事有较强的目的性。

典型职业:项目经理、销售人员、营销管理人员、政府官员、企业领导、法官、律师。

5. 事务型 C

人格特点:尊重权威和规章制度,喜欢按计划办事、细心、有条理,习惯接受他人的指挥和领导,自己不谋求领导职务。喜欢关注实际和细节情况,通常较为谨慎和保守,缺乏创造性,不喜欢冒险和竞争,富有自我牺牲精神。

典型职业:秘书、办公室人员、记事员、会计、行政助理、图书馆管理员、出纳员、打字员、投资分析员。

6. 现实型 R

人格特点:愿意使用工具从事操作性工作,动手能力强,做事手脚灵活,动作协调。偏好于具体任务,不善言辞,做事保守,较为谦虚。缺乏社交能力,通常喜欢独立做事。

典型职业:技术性职业(计算机硬件人员、摄影师、制图员、机械装配工),技能性职业(木匠、厨师、技工、修理工、农民、一般劳动)。

小陶听完关于霍兰德理论的介绍,脑海中有了初步的未来职业定位的轮廓。这时候,明心老师说道,我们一起来做一个实操体验,看看你是否了解了这 6 种类型。请你试着将图 2-2 所示 6 种职业类型与具体职业划线对应起来。

研究型I ●   ● 私企老板

艺术型A ●   ● 家居收纳师

现实型R ●   ● 服装设计师

社会型S ●   ● 大数据研究员

企业型E ●   ● 公交大巴司机

事务型C ●   ● 社区助工

图 2-2 实操体验

【答案】I:大数据研究员;A:服装设计师;R:公交大巴司机;S:社区助工;E:私企老板;C:家居收纳师。

做完实操体验,小陶说,霍兰德理论很有意义和价值,我好像懂了。明心老师笑着说,霍兰德的人业互择理论,把纷繁复杂的职业类型和人格特征简化成 6 种类型,强调实现了人岗匹配,就能找到职业定位的方向。但刚才介绍的 6 种类型,仅仅是霍兰德理论最基础的部分,其实要了解职业定位,还需要了解霍兰德 6 种类型的内在关系。因为,这 6 种类型并不是孤立存在的个体,相互之间也存在着一定关系。它们之间的关系主要有3种,即相邻、相隔、相对,如图2-3所示。其中,相邻和相对对于我们探求职业定位关系最为密切。

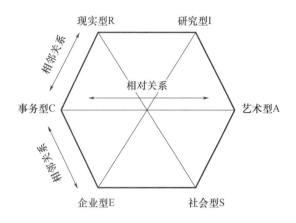

图2-3　霍兰德6种类型的内在关系

相邻关系:如RI、IA这种。属于这种关系的两种类型的个体之间共同点较多,现实型R、研究型I的人就都不太偏好人际交往,这两种职业环境中也都较少有机会与人接触。

相对关系:如RS、IE这种,在六边形上处于对角位置的类型之间即为相对关系,相对关系的人格类型共同点少,因此,一个人同时对处于相对关系的两种职业环境都兴趣很浓的情况较为少见。

说到这里,小陶接上话:我在部队期间,长期从事宣传相关工作,个人也非常喜欢,我凭直觉感觉自己是属于艺术型(A)的。相邻关系的社会型(S),确实我也比较喜欢与人打交道,大家也都觉得我是一个外向、好接触的人。对于相对关系的事务型(C),我确实不太喜欢循规蹈矩、精打细算的工作,我是不太符合,也不适合从事事务性的工作。

三、我该怎样明确职业定位?

——明心老师金句:人岗匹配可以让我们快乐工作。

明心老师对小陶的自我分析给予了肯定。明心老师继续说道,通过前面理论的了解,我们知道,霍兰德理论指出了可能实现最优的职业选择方向,可以帮助我们解决职业定位问题,也就是通过人岗匹配,使个体的职业兴趣符合自己的职业选择,两者适配程度越高,工作满意度也就越高,也就越可能成为最适合你的工作。

但在职业选择中,我们也不一定要选择与自己兴趣完全对应的职业环境。一方面,每个人往往都有多种兴趣,只有一个突出兴趣的人并不多,因此评价一个人的兴趣类型时,也通常是综合他在六大类型中得分居前3位的类型组合,根据分数的高低依次排列字母,构成其兴趣组型,如 RCA、AIS 等;另一方面,因为影响职业选择的因素是多方面的,不完全依据兴趣类型,还要参照社会的职业需求及获得职业的现实可能性。因此,职业选择时会不断妥协,寻求与其相邻的职业环境,甚至是相隔的职业环境,这样就需要我们逐渐地去适应了。但如果我们寻找的是相对的职业环境,往往意味着所进入的是与自我兴趣完全不同的职业环境,那么我们适应的难度就比较大,或者说很难找到工作乐趣,甚至可能会每天工作得很痛苦。

随着话题的深入,小陶想深入探求自己的职业定位。明心老师说道,我们在运用霍兰德理论寻找合适工作的过程中,除了依靠直观感受来判断自己的职业兴趣类型外,还可以依据专业的正式评估工具——霍兰德职业兴趣自测量表,还有一些非正式评估工具,如职业定位十字架、职业世界地图、自我兴趣探索、兴趣岛等。接下来,明心老师就带着小陶具体了解和体验相关的测评工具。

1. 明心老师的第一件工具:霍兰德职业兴趣自测量表

为了便于人们更好地找寻适合自己的工作,霍兰德及其他学者探索发明了一系列专业的自测量表。目前,有代表性且适应度较好的是霍兰德职业兴趣自测量表(详见本书第九章)。职业兴趣自测量表是一种可供受测者自己管理、计分和解释结果的职业咨询工具,整个测验由以下部分构成:

第一部分是列出自己理想的职业。

第二部分包括感兴趣的活动(兴趣)、擅长的活动(能力)和喜欢的职业(回馈)3个维度的若干道测评题目。

第三部分按6种类型的得分高低由大到小取3种类型构成"三字母职业码",首个字母作为主代码,往往相对长期稳定,是我们关注的重点,其他两位也是我们需要参考的,但程度上不必达到主代码。

第四部分为职业表,包括了上千种职业及对应的职业码。受测者根据职业码,可以找到自己大致喜欢的工作范围。

小陶在明心老师的指导下,试着做完了一份霍兰德职业兴趣自测量表,他的结果如表2-1所列。

表2-1　小陶霍兰德职业兴趣自测量表结果

	实际型 R	研究型 I	艺术型 A	社会型 S	企业型 E	事务型 C
兴趣	4	7	8	7	6	3
能力	7	4	8	6	5	3
回馈	2	2	8	8	7	4
部分	13	13	24	21	18	10

小陶问明心老师:这份结果该怎么看呢?我的直观感受就是艺术型、社会型分值比较高,研究型、事务型分值比较低。

明心老师点头说,确实是这样的。这份结果的解读,不仅是要看总分,还要注意它的3个维度,也就是刚才介绍的兴趣、能力和回馈,每个维度的分值高低。具体的分析过程,可以采取图2-4所示的"6步分析法"。

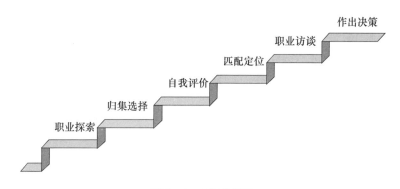

图2-4　6步分析法

第一步:职业探索。寻找总分由高到低的"三字母职业码",对照职业表,看看哪些是推荐的适合工作。小陶的自测结果是 ASE,主代码为 A(艺术型),依照职业表显示。小陶的主代码 A(艺术型)适合工作包括:室内装饰专家、图书管理专家、摄影师、音乐教师、作家、演员、记者、诗人、作曲家、编剧、雕刻家、漫画家。ASE 的推荐职业包括:戏剧导演、舞蹈教师、广告撰稿人、报刊专栏作者、记者、演员、英语翻译。为了保证职业选择的灵活性,在确保代码不变的前提下,进一步增加职业选择参考范围。

第二步:归集选择。收集归类选择,寻找其中的共同点。小陶在对自己的选择梳理后,发现主要共同点包括:艺术类、与人打交道、沟通等相关的工作。

第三步:自我评价。对发现的共同点的认可程度进行自我评价,并将认可部分进一步整合。小陶发现,以前从事的宣传工作就在其范围内,虽然自己对企业工作不是太感兴趣,但是自己长期在部队培养的沟通协调能力,是可以胜任企业工作的,而且自己对于企业工作还是非常感兴趣,喜欢企业那种充满激情的竞争氛围。

第四步：匹配定位。从整合后的共同点出发，自我匹配确定适合的职业范围。小陶感觉，以前在部队从事宣传类工作，自测量表的结果也显示他适合相关工作，因此小陶觉得退役后继续从事宣传相关工作会是一个不错的选择。小陶进一步聚焦定位，考虑到自己在部队从事的宣传工作与地方新闻传媒和广告行业非常匹配，而且自己也具有这方面的实践和能力，根据个人意愿，初步确定了在广告行业求职的基本意向；鉴于其测评结果中社会型（S）、企业型（E）的数值也相对较高，加之自己性格外向、善于交往、乐于助人的个性特点和革命军人吃苦耐劳、敢于"战斗"、奋勇争先的精神品格，也可视情向创业方向发展的事业走向。

第五步：职业访谈。针对合适的职业尽可能尝试与业内人士进行一次职业访谈，更加清晰地了解职业情况。小陶根据明心老师的建议，向他的战友征求了意见。他的战友在机关宣传部门工作多年，退役回家在一家广告传媒公司工作，负责广告平面设计，已然成为企业的业务骨干。明心老师也认为当前文化产业是国家大力扶持的朝阳产业，选择文化产业将会是一份不错的选择。

第六步：作出决策。进一步收集信息，做好前期准备工作，按照职业定位选择具体岗位。

小陶已经学会了使用霍兰德职业兴趣自测量表。接下来，也希望正在阅读本书的你利用本书后面部分的工具试着做下自测，看看你的结果是什么？也试着按照"6步分析法"自我解读一下。

战友们，霍兰德职业兴趣自测量表可以在你不知道适合什么工作时，为你打开一扇探求自我的窗户，主动找寻人生职业发展的方向，但更加深入解读职业码，还需要专业的职业生涯规划师帮忙，根据个人实际情况综合分析解读。例如，分值的大小代表什么？某个分值极高但其他较低意味什么？3个代码位于对角线是怎么回事？为什么自测代码找不到对应职业？等等。如果你需要深入了解，请与周围的专业职业生涯规划师联系，或者关注"融通人力公司"微信公众号，向我们的专业老师进行咨询。

2. 明心老师的第二件工具：职业世界地图

小陶已经对使用工具来探求职业生涯的事情非常感兴趣。他问明心老师还有没有其他的工具。明心老师答道：当然有，而且有很多。霍兰德职业兴趣自测量表属于正式评估工具，是可以进行量化分值的，也是目前得到认可的普遍性工具。除此之外，还有很多非正式评估工具可以使用，不像霍兰德自测量表那样需要答题算分，使用起来比较简单，也可以与霍兰德自测量表配合验证使用，便于自己更好地找到职业定位。非正式评估工具之一，就是从国外引进改造的职业世界地图。

职业世界地图起源于19世纪末。美国大学考试中心（ACT）结合各种关于职业兴趣的最新研究成果,在兴趣的两维基础上,将职业群体的具体位置标定在坐标图上,从而得到适用于美国大学生找工作用的工作世界地图,个人可以通过霍兰德职业兴趣测评结果自行定位找到合适的推荐职业。后来,国内学者也相继提出更加适用于国内的职业世界地图,图2-5就是一个典型的本土化后的职业世界地图。

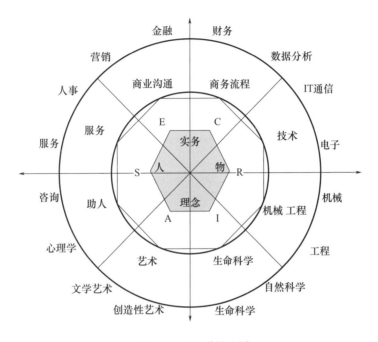

图2-5　职业世界地图

在这个世界地图中,按照所从事工作领域的工作对象来划分,可以得到4个工作对象,即人、物、实务、理念,与霍兰德6种类型是对应匹配的,例如,工作对象有的与人打交道多一些,有的则与机器、工具相伴多一些,有的从事的多是具体的实务性工作,有的则偏重理论层面的研究探索。将目前一些主流的代表职业进行梳理总结,分别标注在世界地图中。我们通过自测的"三字母职业码",就可以对应找到推荐的职业方向。

小陶略有所思,对着明心老师介绍的职业世界地图开始琢磨起来。"我的职业码是ASE,职业世界地图告诉我需要注意匹配理念、人、实务3个工作对象,防止在物这个工作对象范围探求;推荐的职业方向包含艺术、服务、助人等,这些也都是我喜欢的,也是和霍兰德自测量表的结果相一致的"。

小陶连续使用两个工具,发现得到的结果基本一致。小陶笑着对明心老师说:"老师,其实我真正想做的事情,一直都埋在心底,一直也都没有变过,只不过我因为身份的转换有点不太相信自己,不太相信自己内心的选择。"明心老师回答道:"确实!你长期从事宣传相关工作,也一直热爱这份工作,以后可以将这方面的工作作为职业发展的起点,很有可能开启你的成功人生。"

小陶和明心老师的谈话到此,已经为小陶明确了自己未来的职业发展方向。临别之际,明心老师又告诉小陶第三个职业定位工具,今后如果再次出现困惑,或希望进一步自我探索时,也可以助他一臂之力。

3. 明心老师的第三件工具:职业定位四宫格

在前面讲到的霍兰德自测量表结果中,我们介绍到了自测量表的3个维度,其中包含了兴趣、能力和回馈。在这里,我们抓取其中2个维度,进行进一步的职业定位探索。通过兴趣与能力的不同组合,将你面前的工作分成4种:能力低+兴趣低、能力低+兴趣高、能力高+兴趣高、能力高+兴趣低。对应在职业选择上,有4种选择策略,如图2-6所示。

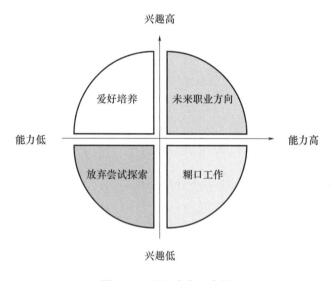

图 2-6 职业定位四宫格

(1)能力高+兴趣高。你很喜欢,同时也具备相应的能力,这就是你的职业方向,可以直接进入。

(2)能力低+兴趣高。你很喜欢,但是不具备工作能力,可以作为工作之余的爱好,好好培养,如果有余力,慢慢提升能力,可以作为将来的职业备胎,也可以通过不断提升能力后发展成职业。

(3)能力高+兴趣低。你不喜欢,但是却具备高工作能力,这是你可以作为糊口的工作。在没有可心的职业前,可以先做着,赚钱养家糊口,并积极寻找能力高+兴趣高的职业机会。

(4)能力低+兴趣低。你既不喜欢,又没有能力做,所以应该放弃。

从小陶的自测结果(表2-1)可以看出,兴趣高、能力高的类型代码为A、S、E,兴趣高、能力低的是I,兴趣低、能力高的是R,兴趣低、能力低的是C。我们把上面的类型代码对应地放在四宫格中,如图2-7所示,可以得到如下职业定位建议:

(1)未来职业方向:A、S、E。

(2)爱好培养:I。

(3)糊口工作:R。

(4)放弃尝试探索:C。

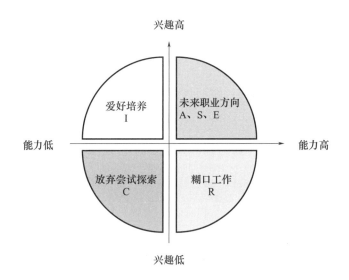

图2-7 小陶的职业定位四宫格

小陶的职业定位四宫格已经画出来了,战友们,请试着动手,结合前面自测结果画一个职业定位四宫格。

在这里,和战友们再分享一个职业定位四宫格的生活化运用方法,大家可以一起做起来:首先画一个十字,构建一个四宫格;然后你把自己知道的所有职业名称(喜欢+不喜欢,想做+不想做)分别按照4种类型填入职业定位四宫格对应的位置。这里的归类原则就是按照你对某个职业具备的真实兴趣和实际能力来判断。请你自我检视下,自己未来应该从事什么工作?爱好培养的是什么?哪些仅仅能成为糊口工作?还有哪些就不要试着探索了?这个结果与自测量表是否一致呢?

4. 明心老师的第四件工具:职业兴趣岛

战友们,我们也可以通过小游戏的方式,洞察自己职业兴趣,发现自己所喜欢和不喜欢的职业内容,帮助自己在职业定位时把握好方向。

我们先来参观一下如图2-8所示的6个神奇的职业兴趣岛。

图 2-8 职业兴趣岛

A 岛——美丽浪漫岛：这个岛上到处是美术馆、音乐厅，弥漫着浓厚的艺术文化气息。岛民们保留着传统的舞蹈、音乐与绘画。许多文艺界人士都喜欢来到这里寻求灵感。

C 岛——现代井然岛：处处耸立着的现代建筑，标志着这是一个进步的、都市形态的岛屿。岛上的户政管理、地政管理及金融管理都十分完善。岛民们个性冷静保守，处事有条不紊，善于组织规划。

E 岛——显赫富庶岛：该岛经济高度发展，处处是高级饭店、俱乐部、高尔夫球场。岛民性格热情豪爽，善于企业经营和贸易活动。岛上往来者多是企业家、经理人、政治家、律师等。这些商界名流与上等阶层人士在岛上享受着高品质生活。

I 岛——深思冥想岛：这个岛平畴绿野，人少僻静，适合夜观星象。岛上有很多天文馆、科技博物馆、科学图书馆。岛民们最喜欢在自己的小房子里，天天钻研学问，沉思冥想，探究真知。哲学家、科学家和心理学家们在这里讨论学术、交流思想。

R 岛——自然原始岛：这是个自然生态优良的绿色之岛。岛上不仅保留有热带雨林等原始生态系统，而且建立了相当规模的植物园、动物园、水族馆。岛民以手工制造见长，他们自己种植花果，栽培蔬菜，修缮房屋，打造器物，制作工具。

S 岛——温暖友善岛：这个岛的岛民们都性情温和，乐于助人，人际十分友善。大家互助合作，重视教育后代。每个社区都能自成一个密切互动的服务网络，处处充满着人文关怀气息。

好，现在你总共有 15 秒的时间回答以下问题：

（1）如果你必须在 6 个岛之中的一个岛上生活一辈子，成为这里岛民的一员。你第一会选择哪一个岛？

(2)你第二会选择哪一个岛？

(3)你第三会选择哪一个岛？

(4)你打死都不愿意选择哪一个岛？

选好之后，请依次记下4个问题的答案。

测试分析：A、C、E、I、R、S岛事实上分别代表了6种霍兰德职业类型。问题1的答案体现了你最显著的职业性格特征、最喜欢的活动类型以及最喜欢（很可能是最适合）的大致职业范围。反之，问题4的答案则是你最不喜欢的活动。

当你完成这个"游戏"时，其实内心自我检视的过程是最重要的，而不是结果本身，通过自我测评，多角度探求内心真实的自我，会让你更加地清楚认识自己！没有人比你自己更了解自己！

四、明确方向，扬帆起航！

——明心老师金句：爱觉不累，在行动中探求真爱。

小陶复员回家后，通过与父母沟通商量，他决定到女朋友工作的城市去发展，一是为了延续、巩固和发展自己的爱情，二是毕竟大城市就业机会多、发展空间大，三是该市距离老家比较近，也可以兼顾照顾父母兄弟。当他满怀信心来到这个陌生城市后，就马不停蹄地开启了求职之路，在入职一家广告公司后，他甘当"小学生"，坚持干中学、学中干，不断积累工作经验，提高基本技能，还利用见客户、谈业务等各种时机，对广告行业进行深入调研，半年多时间，他就成为公司的业务骨干，更重要的是小陶非常热爱他现在的工作，每天都沐浴在阳光中干劲十足，还常常向身边的老战友说："是生涯规划帮助我顺利转型，大家都应该学点生涯规划的知识"。

第三章
退役后我能做什么工作？

2018年，是孙鹏在部队工作的第23个年头。春节刚过，单位领导跟孙鹏谈话，想要了解他是否有转业的念头。

孙鹏作为一名正团职军官，历任基层连队战士、班长、排长，团级单位政治处干事、主任，师级单位政治部干事、科长，军区机关某办公室主任等职，履历非常丰富，从基层到机关，每一步都很扎实，也付出了很多努力，在个人发展上逐步实现了从农家子弟到革命军人再到领导干部的转变，在事业平台上逐步实现了从偏远山沟—省会城市—首都北京的提升，先后荣立二等功1次、三等功4次，多次被表彰为优秀机关干部、优秀共产党员、优秀党务工作者和优秀纪检监察干部。

正当他积极投身军区机关工作，家属子女顺利随军进京，工作生活齐头并进之际，军队新一轮调整改革全面展开。孙鹏综合考虑，着眼当前军队改革大势，决定转业到地方再拼搏一番天地！考虑到自己刚刚40出头，正是干事儿的好时候；加之来北京时间短，与地方交往少，没有什么人脉关系，所以还是决定走计划安置这条路，但一路军旅走来，孙鹏主要从事军队政治工作，几乎天天与文字材料打交道，工作既辛苦又清苦，自己到底具备什么样的能力优势？到了地方后能干什么、会干什么？应该选择什么职业和工作？自己还是一头雾水，真可谓"剪不断、理还乱"啊！

为此，他专门找到已转业到某国家机关工作的战友王超取经。王超与孙鹏是同期入伍的战友，对他的情况相当熟悉，见面就说，"以你的政工经历和机关经验，统筹能力强、文字水平又高，做事认真负责、敢说敢干、雷厉风行，选择应该说是很多的，关键是找到一份能够充分发挥你自身优势的工作。我有一个朋友，是一名资深的职业生涯规划师，我觉得你可以跟她联系下，向她咨询未来职业发展的方向。"

在战友王超的推荐下,孙鹏和职业生涯规划师明心老师约在一间咖啡厅里面谈。孙鹏向明心老师介绍了他的基本情况,向她询问未来的职业发展之路,自己到底能做什么工作。

一、我转业后到底能干点啥?

——明心老师金句:每个人都是自己的英雄。

孙鹏向明心老师诉说自己的苦恼,在部队工作20多年,立过功、受过奖,经过多个岗位锤炼,在领导岗位也工作了很长时间,面临退役"向后转",却不清楚如何选、干哪行?

明心老师笑着答道:其实,你的苦恼很多退役战友都曾遇到过,有的战友是部队领导眼中的好干部、好班长、好苗子,党员模范示范表率,干啥都冲在第一线,为啥脱下军装后,却不知道自己能干啥。要解决这个问题,首先我们要重拾自信,相信自己在新的领域也可以成为那个优秀的人,相信自己在很多方面都能够驾轻就熟;其次要弄明白能力到底是个啥?

我们经常说,某某能力素质高,某某能力还有一定提升空间。那么,到底什么是能力呢?能力是一个人所学知识、技能和才干的综合反映,也是支撑我们完成一定任务的素质体现。简单地说,能力就是能否完成一件事的证明。比如说,汽车兵最基本的能力是开汽车,能否完成部队用车保障任务是汽车兵能力强弱的有力证明。

按照生涯理论,我们可以把能力拆分成知识、技能和才干,称之为"能力铁三角",如图3-1所示,具体地讲:

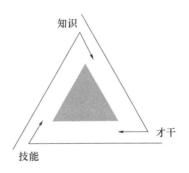

图3-1 能力铁三角

知识,是我们"懂得"的东西。需要有意识的、专门的学习和记忆才能获得,常常与我们的学习或工作内容相关。知识是不可迁移的,需要通过专门的学习才能掌握。知识是有新旧之分的,旧的知识会被淘汰,因此我们要坚持经常化学习,树立终身学习理念,目的就是保持知识的更新程度和更新频率。生活中,我们习惯于用学习情况来表示,如简历中的学历程度,是专科、本科还是研究生;学习专业是文学、通信工程还是机械自动化……一般而言,学习情况是衡量一个人知识程度的重要因素。对于学生群体来说,他的能力主要是知识层面;但对于踏入社会的人士来说,仅有知识的话并不靠谱,"纸上谈兵"的故事就是活生生的反证。

技能,是我们"会做"的本领。它可以从生活中的方方面面,特别是工作之外得以发展,又可以被迁移运用到工作中。一般而言,我们把熟练程度当作它的评价标准,如做饭、开车等。现实生活中,我们对于技能,并不严格要求"懂得"它的知识,只要能够"做得好",就是能力的体现。如一名会开车的老师傅,并不需要懂得车辆制造原理、机械运动原理等。

才干,是我们"内在"的特质。有的是天赋,也有的是长期习得的。才干对职业达到最优秀有很大的贡献,但单一的才干无法被识别,需要与知识、技能组合。一般用形容词或副词表示,比如敢于担当、勇于负责等。

二、能力可以修炼提升吗?

——明心老师金句:学会搭建你的能力金字塔。

听完关于"能力铁三角"的介绍,孙鹏有点怀疑人生的感觉——我们天天讲提高能力素质、加强能力建设,但从来不清楚能力的内涵和外延,也没有想过能力还可以这样拆解开来理解和认识!

孙鹏询问明心老师:"我开始懂得了能力,那么有什么办法提升能力呢?"

"当然有办法!具体怎么做?我们称之为搭建能力金字塔,如图3-2所示"明心老师微笑道。

第一步:学习知识。知识是能力金字塔的最基础部分,除非你真的在某一个领域天赋异禀、无师自通,绝大多数时候我们必须先从学习知识开始,通过学习可以获得此领域的知识。具体的方法,包括我们上学进行学历上的提升,从大学到硕士研究生、博士研究生的学术积累;也包括在工作过程中参加各类职业学习和培训,掌握某一方面的专业知识或技术的方法。部队是一所大学校,也是一个大熔炉。在部队工作期间,也经常会组织一些短期的培训班、辅导班,领导骨干也会发扬传帮带的优良传统,既要扶上马,更要送一程,为我们提高知识积累创造了非常好的环境,所以我们经常讲,部队是一个培养人、造就人的地方。

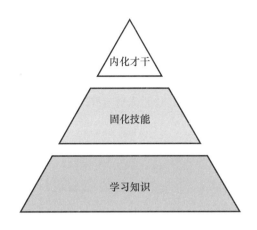

图 3-2 能力金字塔

第二步:固化技能。当我们掌握了一定知识,有了知识储备后,还需要通过反复练习来固化和巩固此领域的技能。例如,我们在取得了一定学历学位后,或者参加了某类专业培训后,通过在实践中工作锻炼,久而久之就会提升专业水平。用一句口号来解释,就是练习、练习、再练习,使用、使用、再使用!

第三步:内化才干。才干是能力的高级阶段。具备了丰富的知识和技能储备后,我们可以通过长期反复的实践,和自己的个性、品质、内在特征结合融合,形成独属于自己的才干,这也是我们未来职业发展过程中的优势所在。例如,汽车驾驶是目前多数人都掌握的技能,但有的人仅仅是自己通勤工作所需,而如果你在驾驶技术的长期练习中,注意个人品行的修炼,当成长为一名拥有高超驾驶技术的"老司机"后,你同时会拥有爱岗敬业、胆大心细、意志坚定等优秀品质,这些品质将成为你的独特优势。未来的你,很有可能因为纯熟的驾驶技术和过硬的品质特征,成为一名优秀的机关班车司机,或是一名后勤车队管理人员;甚至于依赖你的能力,创业成立一家车队、一个运输公司也未尝不可。

听完明心老师的介绍,孙鹏了然:"这个能力金字塔,把知识提升为技能、长期反复锤炼成为自己的才干,真的是说起来容易做起来难呀!"

三、我该怎么找到自己的能力优势?

——**明心老师金句:每个人都身怀天赋,但如果用会不会爬树的能力来评判一条鱼,它会终其一生以为自己愚蠢。**

孙鹏继续询问道:通过能力的锻炼,尤其是结合能力金字塔模型,我们把知识提升为技能、长期反复锤炼成为自己的才干,这种才干就会是未来探求职业发展道路的重要参照。那么,怎样才能发现我现有的能力优势在哪里,未来可以从哪里实现职业发展呢?

"嗯,我给你介绍两个帮助了解自己能力优势的工具吧!"明心老师答道。

1. 明心老师的第一件工具:盖洛普优势测评

明心老师介绍道:首先,我们了解一下关于能力方面的正式评估工具——盖洛普优势测评。乔治·盖洛普是美国数学家,抽样调查方法的创始人、民意调查的组织者。盖洛普通过大量的实证研究,把五彩缤纷的人类才干归纳为"执行力""影响力""关系建立"和"战略思维"4个主题,通过一系列的测评得到某个被测评者的优势。执行力才干主题突出的人懂得让事情向前正常发展;影响力才干主题突出的人懂得如何掌控局势,发现观点,并确保聆听团队意见;关系建立才干主题显著的人具备构建牢固关系的能力,从而将团队凝聚起来并发挥更大的力量;战略思维才干主题显著的人能帮助团队思考可能发生的事,他们获取并分析信息,以作出更好的决策。

盖洛普优势测评方法如表3-1所列,国外原版是34个优势主题词,在引入中国的过程中,部分研究机构对测评进行了本土化改造,比较有代表性的是《基于盖洛普优势识别器理论在线测试》。根据本土语言习惯和文化背景对模型及问卷进行了大刀阔斧的重构,让问卷更加通俗易懂并富有时代感,并在原始模型基础上增加了"亲和"与"诚实"两大主题词,共计36个主题词。测评的使用,是通过一系列选择题,按照一定逻辑进行得分,并按得分高低排序,得出被测评者的5项突出优势。

表3-1 盖洛普优势测评

序号	主题词	参考解读
1	亲和	亲和力强的人情商高,能考虑各种情境下人们的感受,并说出恰当的让人舒服的话
2	诚实	诚实主题较强的人在压力下能保持诚实,但创造力不够强
3	成就	成就主题较强的人大都精力充沛,锲而不舍。他们乐于忙忙碌碌并有所作为
4	行动	行动主题较强的人能够将想法付诸行动。他们往往缺乏耐心
5	适应	适应性强的人倾向于"随大流"。他们活在"当前",接受现实,随遇而安
6	信仰	有强烈信仰的人必定拥有某种经久不变的核心价值观,并由此形成明确的生活目标
7	统筹	统筹力强的人兼具组织能力及确保组织成功的灵活性。他们善于合理安排现有资源以实现最大功效
8	分析	分析能力强的人喜欢探究事物的来龙去脉。他们有能力思考可能影响局面的诸多因素
9	统率	统率力强的人有大将风度。他们运筹帷幄,指挥若定
10	沟通	沟通能力强的人善于将想法付诸言辞,他们是极佳的交谈者和生动的讲解者

续表

序号	主题词	参考解读
11	竞争	竞争性强的人参照他人的表现来衡量自身的进步。他们力争第一,陶醉于竞争的喜悦中
12	关联	关联主题较强的人深信世间万物都彼此关联。没有巧合,凡事必有成因
13	回顾	回顾主题较强的人喜欢追溯从前。他们通过揣摩过去来了解当前
14	审慎	他们每做一个决定均慎之又慎,并设想所有的困难
15	伯乐	他们善于赏识并发掘他人的潜能。他们能够察觉任何细微的进步,并乐在其中
16	纪律	纪律性强的人做事井然有序,有章有法。他们建立规程,遵章守纪
17	体谅	他们能够设身处地地体会他人的情感
18	公平	公平心强的人深知应平等待人。他们确立并坚持这一准则,即公平地对待每一个人
19	专注	专注力强的人能够确定方向,贯彻始终,及时调整,矢志不渝。他们先确定重点,再着手行动
20	前瞻	对于有较强前瞻力的人而言,未来令人心潮澎湃。他们用对未来的憧憬激励周围的人
21	和谐	和谐主题较强的人渴求协调一致。他们避免冲突,寻求共识
22	理念	他们痴迷于各种理念,能够从貌似毫无关联的现象中找出其相互联系
23	包容	包容力强的人善于接纳人。他们关心那些被忽略的人们,并让他们融入集体
24	个别	个别主题较强的人对每个人的与众不同之处兴趣盎然。他们善于琢磨如何将个性迥异的人组合在一起,创造出最大成效
25	搜集	搜集主题较强的人充满好奇。他们通常喜欢搜集、整理各种各样的信息
26	思维	思维能力较强的人长于思考。他们勤于自省,敏于探讨
27	学习	学习能力强的人有旺盛的求知欲,渴望不断提高自我。尤其令他们激动的,是求知的过程而非结果
28	完美	完美主题较强的人专注于激励个人和团体追求卓越。他们相信强中自有强中手
29	积极	积极的人浑身充满了富有感染力的热情。他们用快乐、向上来感召周围的人
30	交往	交往能力强的人喜欢人际亲密关系。他们最大的满足是与朋友一道为实现一个目标而同舟共济
31	责任	责任心强的人言必有信。他们信奉的价值观是诚实、忠诚
32	排难	排除故障的行家里手,善于发现问题并解决问题
33	自信	自信心强的人对自身的能力充满信心。他们有自己的处世准则,做决定时成竹在胸
34	追求	追求主题较强的人希望在别人的眼中非同凡响。他们独立性强,渴望被承认
35	战略	战略主题较强的人足智多谋。针对不同的方案,能迅速找出相关的模式及结果
36	取悦	取悦主题较强的人喜欢结交新人并博取其欢心。能够在人际交往中打破坚冰、建立联系令他们倍感快慰

明心老师让孙鹏做一下盖洛普优势测评,然后帮助他一起对测评结果进行解读,帮助他发现自己的能力优势。

测评结果出来了。孙鹏的5项突出优势分别为追求、责任、分析、排难、审慎,见表3-2和图3-3。

表3-2 孙鹏优势测评结果

编号	优势	得分	编号	优势	得分
1	成就	1316	19	和谐	625
2	行动	1389	20	理念	1444
3	适应	1222	21	包容	1059
4	分析	1842	22	个别	1125
5	统筹	1200	23	搜集	1059
6	信仰	1412	24	思维	1450
7	统率	1533	25	学习	1063
8	沟通	1063	26	完美	706
9	竞争	1267	27	积极	1563
10	关联	1167	28	交往	1063
11	回顾	1333	29	责任	2000
12	审慎	1600	30	排难	1750
13	伯乐	1313	31	自信	1588
14	纪律	882	32	追求	2053
15	体谅	1000	33	战略	1250
16	公平	1125	34	取悦	1375
17	专注	1063	35	亲和	1550
18	前瞻	875	36	诚实	1434

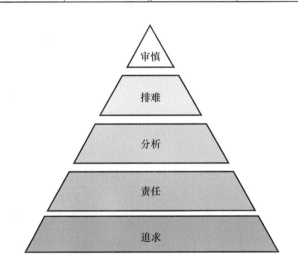

图3-3 孙鹏优势测评结果

明心老师开始帮助孙鹏解读结果。从孙鹏的5项突出优势结果来看，其属于：①追求主题较强的人，希望在别人的眼中非同凡响。他们独立性强，渴望被承认。②责任心强的人，言必有信。他们信奉的价值观是诚实、忠诚。③分析能力强的人，喜欢探究事物的来龙去脉。他们有能力思考可能影响局面的诸多因素。④排难能力强的人,排除故障的行家里手,善于发现问题并解决问题。⑤审慎能力强的人,他们每做一个决定均慎之又慎,并设想所有的困难。

明心老师稍停一下,询问孙鹏道:"测评出来的结果,你认可吗?你现在有什么感受?"

"我确实还是有感触的。就我个人而言,从农村草根到正团职军官,从基层单位到大单位机关,推动我发展进步的动力源泉就是永不服输的倔强劲儿,这应该导致了我追求主题较强;我长期从事政治工作,谨慎细致是最基本的要求,加之作为军人,忠诚担当是我最真实的底色!"孙鹏认真地自我分析后,略作停顿,"嗯,这些都是我长期在部队工作养成的好习惯啊,之前从来没有觉得这些也是我的才干!"

明心老师答道:"很多人做完测评都有这样的感受,明明自己的能力自己应该最了解,但事实上很多人都没有发现,真实的自己原来也可以这么优秀!先稍作休息一下,接下来,我们开始做一个小游戏,也是我的第二件工具。"

2. 明心老师的第二件工具:成就事件法

明心老师介绍道:什么是成就事件呢?就是那些自己做过的,自认为比较成功或是很有成就感的事情。这些事情不一定是工作上或者学业上的,也可以是工作外的活动、家庭的生活,甚至是偶然的行为等。尤其是我们自己的成就,不一定是干了多么惊天动地的大事,也许只是对于自己的一次个人挑战的胜利,或者自认为很有价值很有意义的小事件。比如说,对于肥胖者来说,我们通过1年的努力,成功减肥20斤,这个对于别人可能没有什么意义,但对于长期减肥而不得的你,就是一个可以书写的成就事件。再比如,长期为公开讲话而紧张的你,经过3个月的锻炼,终于登上了演讲台,并取得了不错的效果。诸如此类,都可以称作自己的成就事件。对于是否属于成就事件,只有两个标准:一是你喜欢做这件事情时体验到的感受,二是你在完成这个事件后感到了自豪和有价值。在书写自己的成就事件时,所有的评价标准都来自你自己,而不是别人对这件事的评价。就像刚才举的例子,虽然你减肥后仍然比朋友重一些,朋友认为你还需要减肥,但对于你自己的评价标准来说,20斤已经突破了自我,实现了个人目标,你的坚持让你对下一步充满自信!这就够了,这就是一个很好的成就事件。

"成就事件法"有很多种"玩法",目前比较普及的,是写出你认为人生中的3个重要成就事件,从中探求他们共同表现出的能力。它的要素构成如表3-3所列,是一个很简单的小工具,但是非常实用。

表 3-3 成就事件法

事件	时间、地点、人物、结果、影响	表现出的能力
1		知识： 技能： 才干：
2		知识： 技能： 才干：
3		知识： 技能： 才干：

明心老师看向孙鹏，问道："你想试试吗？通过成就事件法，也可以进一步验证你的能力优势哦！"

"我当然要试一试"，孙鹏答道。

"那我们开始吧。我先介绍下它的玩法步骤。"明心老师说。

第一步：请仔细回忆一下自己的成就事件，尽量找到 3 件你认为最有成就的事情。要注意，不是普通成就，是你经过充分思考后认为最有成就的事情，这是非常重要的自我检索的过程。

第二步：请写下第一个成就事件。我们要把它详细地描述出来，讲一个完美、励志、有趣的小故事，而不是简单的"减肥成功"。这个成就故事，需要包含时间、地点、人物、结果、影响等要素细节。我们还拿减肥成功这个例子来说，一个比较好的成就事件描述应该如下进行：

时间：2020 年 10 月至 12 月，为期 3 个月的减肥计划，每天至少运动 1 个小时。

地点：平时在家里锻炼，周六日前往健身房器械锻炼，长期坚持。

人物：我平时多数时间自我锻炼，但也利用运动 App 和其他减肥者通过打卡签到来相互监督，周末时我还请运动教练对我的减肥进行科学指导。为了更好地自我监督，我还把减肥过程全程"公开播放"，每天制作一个短视频，与大家分享减肥心得和过程。

结果：3 个月时间，通过坚持运动和注意饮食成功减肥 20 千克，而且不是通过节食、吃药等不健康方式取得的成果。令我意外的是，我在 3 个月的时间，收获了一大批粉丝，我拍摄的短视频得到了数万人点赞、圈粉。

影响：以前的自己比较胖，身材走样导致不够自信。但减肥改变了我！减肥后极大地增强了保持身材的信心，个人形象也更加健康、阳光，性格也变得开朗起来。而且，我现在已经是小有名气的健康主播了。

当我们梳理完自己的成就小故事的细节后,把它们串起来,就形成了自己特有的成就事件了。

第三步:对写下来的成就事件进行能力分析。还记得之前讲的"能力铁三角"吗?我们在分析这个成就事件背后呈现出来的能力时,要注意区分出哪些是知识、哪些是技能、哪些是才干。知识就是你懂的东西,常常与特定的工作和学习内容相关,难以迁移;技能就是你能够操作和完成的技术,可以在工作之外进行使用和发展;才干是你内在的品质,很难被单独地应用,但是会在完成任务的过程中发挥不小的作用。不同的事件中表现出来的会是不同的能力,出现频次多的能力可能就是未来的职业发展方向。"减肥成功"事件,我们来做深入分析:

(1)哪些是知识:科学减肥方法、短视频制作技巧;

(2)哪些是技能:网上沟通、分享、获得、转化;

(3)哪些是才干:坚持和恒心,自我挑战,有效把握时代契机,成长为网络达人。

第四步:完成第二个成就事件和第三个成就事件的梳理,重复第二步和第三步来完成即可。

第五步:汇总能力,将3个成就事件所展现出来的能力进行汇总,并进行自我反思,看怎么能使自己的能力和优势得到更广泛的应用。尤其是出现次数较多的、具有共性的能力,这很有可能就是你最擅长或者最喜欢的能力,如果将这些能力在职业生涯中充分展现,你就可能获得更好的职业发展。

明心老师介绍完,对孙鹏说:"现在,你自己尝试着书写自己的成就事件吧。"

"我来试一试。"孙鹏通过深入思考,从个人军旅生涯的"三大转折点"入手,开始书写自己的成就事件:

事件1:备战军校考试——实现"由战士到军官"的转变,人生转折点

孙鹏出生于贫困的农村,当地经济、文化、教育都非常落后。1990年高考落榜后,他抱着考取军校、跳出家门的目的应征入伍,利用点滴时间,长期坚持不懈,一门心思学习备考。军校考试就像地方的体育高考,既要文化过关,又要军事过硬,这对于体质较弱的孙鹏来说,无疑是很大的挑战和考验。为了攻克难关、补上短板,他自我加压刻苦训练,还主动申请参加了教导队预提班长集训。面对严苛的训练,他始终咬牙坚持,别人休息的时候也要加码加训,通过为期半年的魔鬼化训练,虽然他还达不到优秀的程度,但确保军事考核合格过关已绰绰有余。特别是在考试前的几个月时间里,他利用连队训练时间巩固体

能,抓住其他休息时间补习文化,晚上和周末把自己反锁在学习室做练习。为了防止文科成绩差拉低总分,他把重点放在政治科目的强化记忆上,每天早晨跑到营区外的小树林里背诵,每天晚上睡觉前躺在床上"过电影",做到了基本知识融会贯通。通过长期坚持、冲刺强化,最终他以军事、文化全师综合排名第一的成绩被某军队院校录取,成为当年每年只招一个本科队的学员之一,成功实现了"由战士到军官"的人生转变。

透过事件1,围绕"能力铁三角"具体分析:

(1)知识:文化知识、军事素质。

(2)技能:学习方法、学习力、统筹能力、军事技能。

(3)才干:决心和毅力、坚持和恒心、品格和精神、作风和养成。

事件2:组织教育试点——实现"由打杂到主力"的转变,事业转折点

2002年,孙鹏有幸从偏远山沟基层单位选调到位于省会城市的师级单位宣传科学习锻炼,可是连续几年都是帮助工作,也不知何时才能真正在机关留下来、立得住。2005年上半年,上级赋予战斗精神培育教育试点任务,确定在一所军队医院,重点研究如何培育合同制医务人员战斗精神问题。可当时的宣传科,科长刚刚提升离任,新的接替人员尚未到任,科里只有他和另外一位年轻同志,人少事多,工作繁忙,根本没有时间蹲到点上,只能遥控指导医院先行组织和探索。在总结经验阶段,他反复研究医院起草的初稿材料,可怎么也找不到感觉。于是,他认真研究其他大单位的试点做法,深度思考合同制医务人员的工作特点,在白天处理正常工作的过程中,突然想出了"三个强化、三个转化"的写作思路。当天晚上,他一气呵成,首长批示"总结得很好,速上报下发",军区也给予高度评价,并即刻给予转发。时过不久,又被《政工导刊》刊发,并收录到总政编写的《战斗精神培育理论与实践的探索》一书印发全军。通过组织试点和经验材料,孙鹏走进了领导视线,很快便被调整到组织科,担任党委秘书,参与中心工作,成为了名副其实的骨干力量。

透过事件2,围绕"能力铁三角"具体分析:

(1)知识:学习其他单位试点经验和做法。

(2)技能:调研指导、统筹计划、组织协调、经验总结。

(3)才干:勇于担当、敢于吃苦、勤于思考、用心感悟、创新意识、精品意识、成果意识。

事件3:开展廉政文化建设——实现"由小平台到大舞台"的提升,发现空间转折点

2009年以来,根据党风廉政建设形势,结合联勤部队管钱管物实际,党委部署展开廉政文化建设。这项工作由组织科牵头,孙鹏作为组织科长重点负责。在组织外出参观考察和深入部队调研基础上,紧密结合不同单位类别的工作特点,研究制定了廉政文化建设

实施方案,通过一年的探索实践和精心准备,形成了"六个一"的建设成果:汇编了一套廉政建设重要论述、打造了一批廉政文化活动场所、组织了一场廉政书画专题展览、宣扬了一批廉洁自律先进典型、撰写了一套倡廉助廉文化故事、总结了一份廉政文化建设经验,并在军区纪检工作会议上作了交流发言。2010年上半年,军委纪委和军区首长带队,先后来调研廉政文化建设情况,对他们的建设经验和专题汇报给予充分肯定,经调研组提名推荐,孙鹏被选调到军区政治部,成为领率机关某办公室的主要负责人。

透过事件3,围绕"能力铁三角"具体分析:

(1)知识:廉政建设重要论述、廉政文化建设基本常识、兄弟单位廉政文化建设经验做法。

(2)技能:筹划组织、经验总结、专题汇报、迎接准备。

(3)才干:建设思路、总结宣传、成果展示。

通过对3个成就事件进行梳理后,孙鹏认为透过3个重要成就事件,集中体现了几个方面的共性能力:一是不畏艰难,具有革命军人的决心意志和精神品质;二是边干边学,具有超强的学习能力和进取精神;三是思路清晰,具有很强的统筹协调和组织能力;四是善于总结,具有过硬的文字功底和写作能力,体现了优秀政工干部和机关干部的丰富经历和经验,非常适合选择领导机关的组织、宣传等工作岗位。

做完"成就事件法",孙鹏看着自己的总结能力,感慨地说:"两个工具虽然不一样,但是结果还是很相似的。军旅生涯和自身性格特质,赋予了我很多优秀的品质和能力,但之前没有清楚地意识到。下一步的工作选择中,我一定要找到能将自己能力充分发挥的岗位,如果这个工作能和我的个人爱好相结合,那就更完美了。既然我长期投身军旅从事政治思想工作,择业时选择政府机关的组织宣传工作应该会更好地发挥我的特长,也更有利于今后的职业发展"。

拜别明心老师,孙鹏又拜访了诸多领导、战友,听取他们的意见建议。最终,孙鹏将转业后的职业首秀锁定在机关党建、宣传方面的岗位,出于体验不同人生感受考虑,他决定放弃政府机关公务员,优先选择管理相对灵活的企事业单位。

目标明确后,孙鹏就积极行动起来,购买了一些学习资料,报名参加了转业干部培训班,集中精力、全力备考,最终以优异的笔试和面试成绩,成功被某央企总部党群工作部录用。工作半年后,他给明心老师发来消息,"我对现在的岗位很满意,感谢您的专业指导,让我的能力优势能够在岗位上充分得以展现!"

第四章
职业世界是什么样子？

今年是少校军官小姜的转型年。小姜最好的青春是在部队里度过的，从十八岁懵懂少年考取军校，到如今三十有五，部队学习工作十七载。作为一名空军雷达部队军官，小姜长期与大山为伴，在部队中练就了一身过硬本领，懂技术、能指挥、会管理。27岁那年，小姜遇到了生命中的另一半，小两口一起牵手、一起畅想、一起谋划未来，虽然婚后聚少离多却幸福感满满。今年是婚后第8个年头，小小姜也已经6岁，马上就要迎来小学生活，是在部队驻地还是老家入学？这是一个不大不小但困扰许久的问题。加上长期两地分居，妻子一人扛起家庭的重担，小姜看在眼里、疼在心上。

年终岁尾，部队干部转业指标下达到了小姜的单位。向来稳重的小姜也不淡定了，夫妻二人商量许久，小姜做出了转业的决定。小姜不是头脑发热、不顾后果的人，他想好了，转业之后，路在何方，一定要请教懂行的专家指点指点。于是，在部队领导的推荐下，小姜拜访了明心老师。

"万事开头难，好的开始是成功的一半。"明心老师见到小姜后，心里默默给小姜点赞。小姜成熟稳重，眼神中流露着军人特有的坚毅和自信，态度也很谦虚，一看就是部队培养出来的"好苗子"。但是，因为在部队工作时间较长，尤其是部队驻地相对闭塞，对社会、对职场了解比较少。明心老师决定在解答小姜的职业困惑前，先对小姜进行一下职场科普。

一、当今的"世界"是什么样的？

——明心老师金句：乱花渐欲迷人眼，总有真经可探寻。

明心老师问小姜道："你了解职业世界吗？你知道当今国际国内形势下职场的就业现

状吗?"

小姜略带迟疑地说:"我经常看新闻联播,对国际国内形势有一定了解。不过,要说就业形势,确实平时没怎么关注。"

明心老师笑着说:"部队出来的确实不一样。今天咱们的聊天就是要从大局开始聊起,看看咱们国内外的政治、经济形势到底什么样子?这可是跟你未来的就业息息相关的哦!"

于是,明心老师娓娓道来。党的十九大以来,习近平总书记指出:"当今世界正经历百年未有之大变局。"世界战略格局深刻演变,全球政治经济治理体系正面临重构,国际力量对比呈现"东升西降"态势,世界战略格局将在不稳定甚至可能激烈动荡的条件下加速演化。美国对霸权旁落的担忧和焦虑在持续上升,新冠疫情下的文明间摩擦、种族冲突、经济甚至是制度之争都可能被放大、夸大或误解,俄乌战争也反映了大国之间的对抗博弈出现联动和升级。

自2008年金融危机以来,全球经济即陷入长期低迷。传统增长引擎拉动作用逐渐减弱,新技术虽不断涌现但还不足以为全球经济增长提供足够动力,全世界都笼罩在金融危机的阴影之中。主要国家经济利益之争呈上升趋势,大国博弈和竞争日趋激烈,世界经济发展的不确定性显著放大。面对新冠疫情的冲击,各国及国际组织对当前的经济形势预期更为悲观,全球产业链逐步进入重构期。

面对新冠疫情加剧下的全球经济衰退,中国经济则保持了长期向好状态,正转向高质量发展阶段。"十四五"期间,国家从中长期发展考虑,明确提出加快构建以国内大循环为主体、国内国际双循环相互促进的新发展格局,以应对国内劳动力、环境成本等制造业要素优势弱化以及部分国家劳动力、能源成本等竞争优势凸显等客观变化。

发展双循环新格局是中国推动发展的全方位发力,但推进经济结构调整优化特别是促进战略性新兴产业和未来产业高质量快速发展是基础和关键。国家"十四五"规划纲要明确,国家现代产业体系将聚焦先进制造业、战略性新兴产业、现代服务业、新型基础设施建设。大力推动5G、物联网等新型基础设施建设,使其成为"扩内需、稳投资、保增长"的新型驱动力量;围绕人口老龄化的"银发经济"以及居民医疗保健、教育文娱、住房改善、交通通信等"新民生"产业,将成为扩大内需的广阔市场;解决中美摩擦"卡脖子"技术问题的人工智能、生物医学、新能源、新材料、智能装备、智能制造等战略性新兴产业,是国家产业政策的重要方向。

当前,我国常住人口城镇化率已超过60%,进入城市社会时代。中国区域发展已经展现出非常鲜明的特征,虽然直观特点仍然是东强西弱、南强北弱、东南强西北弱,但随着中国从"工业化推动城市化""以城市扩张"为中心的初级城市化,向"城市群+都市圈"为主导的深度城市化转变,城市群、都市圈已成为构建双循环的枢纽,也是承载产业集聚、产业创新和产业发展的重要空间。京津冀、长三角、珠三角、长江中游、海峡西岸、成渝等区域性城市群成为新的经济增长极。

小姜拿着自己的笔记本,刷刷地做着笔记,不时地点头。在部队的时候小姜养成了看报纸、看新闻的好习惯,明心老师介绍的世界格局、国内形势小姜一听就懂,很是通透。小姜问:"明心老师,根据您介绍的情况,在这样的大环境下,我即将面对的职业世界将是什么样子的?我该去哪个地方?选择哪个行业?进入什么样的组织呢?"

明心老师笑了笑,说:"别着急,咱们先从职业世界聊起吧。"

二、放眼职业世界,一份新职业从哪里开始?

——明心老师金句:与其与马赛跑,不如找匹快马骑上它。

"只有对职业世界有一个基本的、既感性又理性的认识,你才能在进入职业选择时做出更加合理的选择,提高成功的可能性。"

小姜若有所思,原来我们说:"三百六十行,行行出状元。现在我们可选择的行业和职业大概有多少种啊?"

"大约有两千多种吧。而且职业名字即使一样,有时候工作内容也不一样。比如说,同样是销售总监,在不同的行业、不同的企业里干的活很不一样。"明心老师说。

"啊?"小姜有些为难了,"那该怎么选啊?太难了。"

"其实也不难。"明心老师笑着说:"你记住,所有职业世界里的'可选项',有且仅有4个关键指标,分别是行业、地域、组织和职能。你也可以简化为'我去哪个行业?''我去哪个地方?''我去哪家单位?''我去干啥?'当你看懂了这4个关键指标,能够回答这4个问题了,你就开始向成功迈进了。"

(一)"三百六十行都是啥?我去哪一行?"

我们都知道一句俗话叫"男怕入错行",说明行业选择的重要性,我们就先来说行业。只有了解什么是行业,掌握对行业好坏的评价标准,才能"入对行"。简单来说,行业是为了满足大众社会生活的需求而形成的,具有提供相同性质产品或服务的单位构成的群体总和。行业有老有新,但是没有好坏。归根到底来说,同一个行业都是满足社会里同一类需求,提供同一类产品或服务,它聚集了具备这个特点的所有企事业单位。例如,互联网行业满足了人们对数字化美好生活的需求,新能源行业满足了人们对美好生态环境的需求。

为什么老话说,"男怕入错行"？为什么小米的创始人雷军说"站在风口上,猪都可以飞起来"？我们从部队出来,很多人背景相似、资源相似,为什么有的人看似不费吹灰之力便扶摇而上？很大一部分就是因为选对了行业。行业的快速发展能够促进我们个人的职业发展。例如,智能手机行业的兴起,带动了软件开发和硬件工程师的岗位需求。新能源行业的发展,带来了机械、汽车、环境等大量岗位机会。

首先,我们先来了解一下行业的分类。《国民经济行业分类》国家标准是划分全社会经济活动的基础性分类,是统计工作中使用范围最广、使用频率最高的分类标准,在统计数据的采集、处理、分析和国际比较上具有核心的地位。图4-1所示为2017年国家统计局制定的国民经济行业门类分类,共有20个门类、97个大类、473个中类、1380个小类。

代码				类别名称
门类	大类	中类	小类	
A				农、林、牧、渔业
	01			农业
		011		谷物种植
			0111	稻谷种植
			0112	小麦种植
			0113	玉米种植
			0119	其他谷物种植
……				……
B				采矿业
C				制造业
D				电力、热力、燃气及水生产和供应业
E				建筑业
F				批发和零售业
G				交通运输、仓储和邮政业
H				住宿和餐饮业
I				信息传输、软件和信息技术服务业
J				金融业
K				房地产业
L				租赁和商务服务业
M				科学研究和技术服务业
N				水利、环境和公共设施管理业
O				居民服务、修理和其他服务业
P				教育
Q				卫生和社会工作
R				文化、体育和娱乐业
S				公共管理、社会保障和社会组织
T				国际组织

图4-1 国民经济行业分类

那么,怎样快速了解一个行业是"好"还是"不好"?其实行业本身没有好坏之分,但是各行业都有自己的"生长规律"和"生命周期"。行业生命发展周期理论告诉我们,所有的行业都主要包括4个发展阶段,即曙光期、朝阳期、成熟期、夕阳期,如图4-2所示。

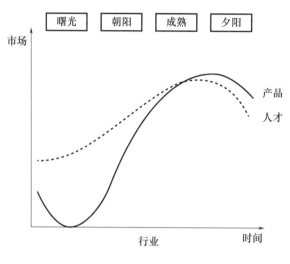

图4-2 行业生命周期

我们不妨以时间为横轴、市场需求为纵轴,这4个发展阶段可以表示为一个"S"型曲线。其中,实线表示产品的市场需求,虚线为人才的市场需求。

曙光期:指的是市场突然爆发出对该行业产品或服务的极大需求,企业如雨后春笋一样纷纷建立,但是经过一段时间以后,很多企业因无法盈利又纷纷关门倒闭。行业处于这个发展阶段,市场对产品或服务的需求虽然看起来很大,但是对人才的需求尚处于刚刚起步阶段,并没有明显的爆发。如3D打印、智能家居等行业基本处在这个阶段。

朝阳期:指的是市场经过了曙光期的竞争和洗牌,少数活下来的企业,摸索出了相对成熟的商业模式,开始带动行业进入了快速发展阶段。朝阳期行业对人才的需求非常旺盛,有很多从业机会。根据国家统计局发布的2021年全年国内生产总值(简称GDP)报告中数据显示,信息传输、软件和信息技术服务业,住宿和餐饮业,交通运输、仓储和邮政业增速领跑其他行业,发展势头强劲,处于朝阳期。

成熟期:指的是市场经过多年快速发展后,行业经历了充分竞争,格局已经形成,产品或服务的市场需求保持相对稳定,人才需求也趋于平稳。有些行业的成熟期很长,如饮料、沐浴露等一些日常消费品行业;有些行业的成熟期会较短,进入成熟期后很快转入衰退期,如数码相机、DVD等电子产品行业。

夕阳期:指的是行业经过若干年的发展后,市场对产品或服务的需求量开始下降,而行业人才的需求量通常会先于产品或服务需求量下降,所以很多行业在衰退之前会出现利润下滑、大量裁员的现象,出现这些普遍现象,基本可以判断该行业即将进入夕阳期。多数时候,这种情况是由于本行业的产品或服务被更新、更经济的产品取代而产生的,比如数码相机的发展,导致传统胶卷行业的衰退;而智能手机的发展,又导致数码相机行业的不景气。当然,夕阳期行业中的企业和个人也不是就完全没有机会,可以通过整合资源或转型等方式再创辉煌,获得二次成长的机会。比如传统制造业将自身优势与互联网结合,发展物联网,推动了行业的二次发展。

2021年11月国家统计局公布了《中国统计年鉴2021》,对31个省份2020年各个行业在岗职工的平均工资进行了梳理。对于选择行业来讲,具有一定的指导性意义。从行业来看,在统计的18个行业门类中,不管是私营单位还是非私营单位,平均工资最高的3个行业都是信息技术行业、金融业、科学研究和技术服务业,如表4-1所列。

表4-1 《中国统计年鉴2021》行业薪资

行业	非私营单位就业人员平均工资(元)	私营单位就业人员平均工资(元)
信息传输、软件和信息技术服务业	177544	101281
科学研究和技术服务业	139851	72233
金融业	133390	82930
电力、热力、燃气及水生产和供应业	116728	54268
卫生和社会工作	115449	60689
文化、体育和娱乐业	112081	51300
教育	106474	48443
交通运输、仓储和邮政业	100642	57313
采矿业	96674	54563
批发和零售业	96521	53018
租赁和商务服务业	92924	58155
房地产业	83807	55759
制造业	82783	57910
建筑业	69986	57309
水利、环境和公共设施管理业	63914	43287
居民服务、修理和其他服务业	60722	44536
住宿和餐饮业	48833	42258
农、林、牧、渔业	48540	38956

小姜问:"明心老师,我认真分析了行业之后,如何知道这个行业对我来说是好还是坏?"明心老师:"一定是需要结合你的自身情况,具体来说需要结合你的自身风险偏好和资源占有来考虑。如果你是一个具有冒险精神的人,愿意承担较大的风险,获取较丰厚的

职业发展收益,那处于曙光期和朝阳期的行业可能对你来说是'好'的行业。因为越是稀有,越是可贵,提前押注并进入一个要进入或已经进入风口的行业,有可能让你看似不费吹灰之力便扶摇而上。如果你是一个追求稳定、讨厌风险的人,那一定不要进入曙光期的行业,对你来说曙光期的行业就是赌博,赌输了,就一切都没有了。而处于朝阳期和成熟期的行业,对你来说是'好'的行业,因为人才需求旺盛或稳定,有大量的岗位可以选择。至于夕阳期的行业,对某些人来说也不一定就是'坏'的行业。如果你自身在这个行业里有独特的资源,你完全可以参与行业的二次发展,享受类似曙光期行业的丰厚收益。因此,把脉行业处于哪一个生命发展周期,评估自己的风险偏好,结合自己的资源优势,才能帮助你选择一个适合自己的'好'行业。"明心老师耐心解释道。

（二）"东南西北中,我去哪个地方?"

"我去哪个地方?"是职业选择中非常重要的一个问题。这么多年在部队的岁月,让小姜对一些城市和地方充满了感情,充满了感性认识;而有一些地方,小姜还不甚了解,甚至心存偏见,不愿轻易选择。

那么,怎样快速了解一个地区对你来说是"好"还是"不好"？明心老师给小姜做了一个整体介绍:"首先,你需要对广阔的祖国大地以及那里的风土人情有一定客观的了解,进而从战略定位、经济发展、交通条件、安家成本等角度来把脉一个地区的特点。"

战略定位:这就是我们在前面提到要了解宏观概念的意义。不同的区域、不同的城市,在"全国一盘棋"重要方针中有其特殊的战略定位。例如,考虑和选择京津冀地区的时候,要知道党和国家对北京的战略定位是政治中心、文化中心、国际交往中心、科技创新中心;对天津的战略定位是全国先进制造研发基地、北方国际航运核心区、金融创新运营示范区、改革开放先行区;对河北的战略定位是京津冀协同发展区、以建设雄安新区带动冀中南发展、以筹办北京冬奥会为契机推进张北地区建设。再如,在考虑选择四川附近的地区时,要了解成都是成渝地区双城经济圈的一极、是城乡融合发展试验区,要知道重庆是科技创新和协同创新示范区,有两江协同创新区、中国（重庆）自由贸易试验区。"东南西北中,党是领导一切的"。只有知道党和国家对一个地区的战略定位,才能准确判断这个地区的工作机会是不是很多,是不是可选。

经济发展:从目前的发展阶段来看,不同的区域、不同的城市处于不同的社会经济发展阶段,同时有其特殊的发展特点。例如,总体来看,浙江、江苏、广东等东南沿海地区的市场经济发达程度较高,民营经济活跃程度高;山东、河南等中部地区相对于东南部地区来说市场经济发达程度没那么高,但政策驱动、政策引领的效果更为明显,言必谈"政治性"。这些年"投资不过山海关、买债不入云贵川"的共识在金融领域非常盛行,一定程度上也反映了东北、西南等区域的某些社会经济发展特点。2021年底,中国社会科学院发布了《中国城市竞争力第19次报告》,报告显示,2021年综合经济竞争力排名前十城市依次为:上海、深圳、香港、北京、广州、苏州、台北、南京、武汉、无锡。报告指出,城市综合经济竞争力作为城市发展的基石,衡量着城市经济发展的实力,是当前和短期的经济绩效的决定力量,也是城市未来和长期发展的关键基础。头部城市排名基本稳定,区域中心城市仍然引领全国。综合经济竞争力"南高北低、南升北降"的趋势依旧延续,而"东高中西低,东降中升"的趋势开始出现。

交通条件:不同的区域有不同的地理位置以及交通条件。有的区域和城市本身就是交通要塞,交通便利,南来北往,有很多的物流商贸岗位可供选择;有的区域和城市位于特大城市或大城市周围,是城市聚集群的一部分,能够享受到周围特大城市、大城市的经济、社会资源。值得一提的是,有的区域和城市近年来交通便利程度大幅提高,早已不是五年前、十年前的样子,需要引起关注。以贵州为例,原来都说"黔道难""连峰际天、飞鸟不通",但现在的贵州早已实现了县县通高速,农村公路通往村村寨寨,打通"黔货出山"最后一公里。乌江全线复航,实现了通江达海。了解一个地区的交通条件,才能知道这个区域是不是适合我。

安家成本:安居才能乐业。转业之后,选择区域,很大程度上也就意味着选择在哪里安家。各个区域和城市的安家成本并不一样,需要提前考察。例如,北上广深等特大型城市,安家成本相对较高,需要提前了解并考虑解决方案。例如,选择在北京工作的人,可以选择在天津、燕郊等环京区域居住,减少安家成本;在选择中部省会城市时,可以选择长沙这种相对安家成本较低的城市;在选择同一区域的职场机会时,要重点考虑安家成本,因为在当前背景下,不同的区域,成本相差很大。

在研究了各个地方的特点之后,它是好是坏还需要结合你的自身情况来判断。你需要把自己以往对地区的感性认识与各个地方的特点相结合,将家乡、另一半所在的地区与可选择地区结合在一起,做出你最好的选择。如果你的家乡从战略定位、经济发展、交通条件、安家成本来看,符合3个以上,那么选择回到家乡一定是一个不错的决定。如果要重新选择一个城市,从以上条件来看,要有你熟悉的城市符合地区选择方面的优选项,也是不错的选择。如果在陌生的城市中做选择,战略定位、经济发展、交通条件、安家成本将帮助你有章法地做出选择。

明心老师说："积累对地区和城市最新情况的了解,结合自己熟悉和有资源的城市,就能帮助你选择一个对你来说'相对最优'的地区。"

(三)"组织类型多种多样,我该如何选择?"

"那么,明心老师,我该去哪个组织,是可以分析出来的吗?"小姜继续提问道。明心老师回答:"这是一个好问题,我们来一起分析分析。当你选择走进职业世界的时候,你会与一个组织签订契约(如劳动合同),为组织服务。在做选择的时候你需要先储备一些关于组织、单位的知识,便于你做出决策。"

1. 正式组织

在现代社会生活中,"组织"是指人们按照一定的目的、任务和形式编制起来的社会集团。也就是说,组织是人们为了某一目的而形成的群体,是确保人们社会活动正常协调进行、顺利达到预期目标的体系。组织的种类有很多,在这里按照大类进行一下介绍。

政府机构:政府是指国家进行统治和社会管理的机关,是国家表示意志、发布命令和处理事务的机关。广义的政府包括立法机关、行政机关、司法机关、军事机关。狭义的政府仅指行政机关。一个国家的政府又可分为中央政府和地方政府,其中地方政府还可以细分为省、市、县、乡、村五级政府。在政府机构工作有较好社会地位、薪酬福利稳定,是很多退伍军人的首选。

事业单位:一般指以增进社会福利,满足社会文化、教育、科学、卫生等方面的需要,提供各种社会服务为直接目的的社会组织,可以分为承担行政职能、从事生产经营活动、从事公益服务3类。事业单位不以营利为直接目的,其工作成果与价值不直接表现,或主要不表现为可以估量的物质形态或货币形态。在事业单位谋得一个职位是许多退役军人的优先选项。但随着事业单位的改革力度加大,这种状况正在快速发生变化。当前许多事业单位大力推行企业化管理、市场化运作,实行全员聘任制、绩效工资考核,取消事业编制等。进入渠道一般有国考、省考、事业单位统一联考、地方单位人才引进等。

国有企业:是指由国家或地方政府投资或参与控制的企业。它作为一种生产经营组织形式同时具有营利法人和公益法人的特点。即国有企业在追求国有资产的保值和增值的同时,还要兼顾国家调节国民经济的目标。按照国有资产管理权限划分,国有企业分为中央企业(由中央政府监督管理的国有企业)和地方企业(由地方政府监督管理的国有企业)。

中央企业在关系国家安全和国民经济命脉的主要行业和关键领域占据支配地位,是国民经济的重要支柱。广义的中央企业可以细分为3类,第一类是由国务院国有资产监督管理委员会管理的中央企业,如中国石油、中国电信、中国建筑等,目前此类中央企业共有96家。第二类是由财政部、中央汇金公司管理的中央企业,属于金融行业,如中国工商银行、中国人寿保险(集团)公司、中国出口信用保险公司等,目前此类中央企业共有26家。第三类是由国务院其他部门管理的中央企业,属于烟草、黄金、铁路客货运、港口、机场、广播、电视、文化、出版等行业,如中国国家铁路集团、中国烟草总公司、中国南水北调集团、中国中信集团、中国供销集团、中国国际电视总公司等。狭义的中央企业仅指由国务院国有资产监督管理委员会管理的中央企业。

地方国有企业按照国有资产管理权限划分,还可以进一步细分为省(含直辖市)属国有企业、市属国有企业、县属国有企业,业务范围相较中央企业来说,业务更加聚焦于属地。

民营企业:民营企业简称"私企"或"民企",除"国有独资""国有控股""国有参股"外,其他类型的企业只要没有国有资本,均可归为民营企业。民营企业属于自主经营、自负盈亏、自担风险的营利性经济组织,在用人理念上关注员工是否能够帮助企业发展,如个人的业务能力、研发能力、管理能力等都是民营企业看重的方面。民企文化因老板或企业实控人的个人风格不同,会体现出不同的文化特点,而且不同的民营企业,由于经营情况不同,在薪酬待遇上差异较大,即使同一个企业内部的薪酬也会有较大区别。代表企业:华为公司、苏宁公司、京东集团、恒大集团等。

外资企业:外资企业是指外国的企业、其他经济组织和个人作为投资者,依中国法律在中国境内设立的企业或机构。外资企业因受出资方所在国家文化背景的差异影响,不同企业之间会呈现出多样化的管理风格和企业文化。代表企业:通用电气、丰田汽车、麦德龙、三星、可口可乐、达能等。

NGO(非政府组织):NGO(非政府组织)一般与联合国或由联合国指派的权威非政府组织相关,其是一类不属于任何政府、不由任何国家建立的组织,通常独立于国家政府。非政府组织通常是非营利组织,一般仅限于非商业化、合法的、与社会文化和环境相关的倡导群体,他们的基金至少有一部分来源于私人捐款。典型NGO如青少年发展基金会、宋庆龄基金会等。从就业角度来看,NGO带有较强公益属性,薪资待遇一般不会太高。

2. 非正式组织

当你了解正式组织的形态和特点后,你才能评价你适合哪种类型的组织。同时,要特别关注一下组织的另外一个维度"非正式组织"。我们以上谈到的组织,都是正式跟你签订合同的单位,而实际职业世界里,你一定也听说过很多人的选择,更多地考虑的是"跟领导、选团队"。组织是由人组成的,有人的地方就有江湖。任何组织里都有自己的小圈子,有可能是同乡,有可能是战友,有可能是各种原因志同道合的人。职业世界的变动性比在部队里多太多。当你跟随的领导、团队发生变动的时候,你是选择跟着走?还是选择留下来?你一定要对此有所准备。一般来说,跟你签订合同的企业、政府或事业单位的稳定性更强,领导、同事等组成的非正式组织稳定性较弱。但是,"士为知己者死",当你坚信你跟随的领导人品正直、能力卓越,或者你所在的团队互相信任、战斗力强的话,跟随"非正式组织"做"职业迁徙"也是一种可选项。

(四)"公司法人治理结构该如何理解?"

小姜通过明心老师的介绍,逐渐摸到了职业世界的一些轮廓。对于职业世界中的公司是如何决策和管理的,小姜还充满了疑问:"明心老师,你说我该怎么理解职业世界中一个单位的决策和管理机制?"明心老师说:"我带你来看一看。公司治理结构,是指为实现资源配置的有效性,所有者(股东)对公司的经营管理和绩效进行监督、激励、控制和协调的一整套制度安排,它反映了决定公司发展方向和业绩的各参与方之间的关系。典型的公司治理结构是由所有者、董事会和执行经理层等形成的一定的相互关系框架,依据法律赋予的权利、责任、利益相互分工,并相互制衡,如图4-3所示。

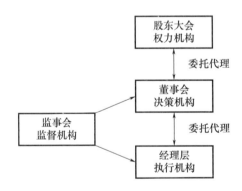

图4-3 公司治理结构示例

股东会是公司的权力机关。股东会由全体股东组成,作为公司的最高权力机构,它有权对公司的一切重要事务作出决议,董事会成员和监事会成员均由股东会决定产生,董事会和监事会均需对股东会负责。股东会虽为必设机构,但却以会议形式体现其存在,是非常设机构。

董事会是公司的决策机关,享有公司的经营决策权和管理权;董事会依法由股东会选举产生,对外代表公司并行使经营决策权。董事通过法定程序被股东确定后,应与公司签订聘任合同,明确公司和董事之间的权利义务、董事的任期、董事违反法律法规和公司章程的责任以及公司因故提前解除合同的补偿责任。

监事会代表全体股东对公司经营管理进行监督,行使监督职能,是公司的监督机构。职责是发现公司经营行为违法、违规和违背股东利益的行为。监事会包括股东代表和适当比例的公司职工代表,其中职工代表的比例不低于1/3。董事、高级管理人员、财务总监等不得兼任监事。

经理层作为董事会的辅助机关,从属于董事会,听从于董事会的指挥和监督,负责具体事务的执行和日常经营管理,拥有日常事务的管理权、董事会决议事项的组织实施权和人事推荐权和任免权。

(五)"一般的组织都有哪些职能?我可以去干啥?"

聊了这么多,小姜对职业世界的认识逐渐明晰,开始考虑自己在职业世界里适合从事什么样的岗位。明心老师带着小姜详细了解:2015 年版《中华人民共和国职业分类大典》把我国职业划分为由大到小、由粗到细的 4 个层次:大类(8 个)、中类(75 个)、小类(434 个)、细类(1481 个)。里面还包含对各类工作的主要内容、范围、过程等一般性描述,如表 4-2 所列。

表 4-2 《中华人民共和国职业分类大典》

大类	中类	小类	细类(职业)
第一大类 党政机关、国家机关、群众团体和社会组织、企事业单位负责人	6	15	23
第二大类 专业技术人员	11	120	451
第三大类 办事人员和有关人员	3	9	25
第四大类 社会生产服务和生活服务人员	15	93	278
第五大类 农、林、牧、渔业生产及辅助人员	6	24	52
第六大类 生产制造及有关人员	32	171	650

续表

大类	中类	小类	细类（职业）
第七大类 军人	1	1	1
第八大类 不便分类的其他从业人员	1	1	1
合计	75	434	1481

由美国大学考试中心（ACT）开发的职业世界地图将26种职业领域（相似的工作群）分成12个区域，这些工作系列几乎覆盖了美国所有的工作。除了6种与霍兰德几乎完全一样的兴趣与人格类型，图中还提供了由数据-观念、人群-事物两个维度所构成的4个象限信息，如图4-4所示。

图4-4 美国大学考试中心职业领域分布

数据（事实，记录，文件，数字，计算，商业过程，系统性程序）。数据性任务是不与人直接打交道的任务，它通过人来促进商品/服务的消费（如通过组织或传达事实、指示、产品等）。销售代理商、会计以及空中交通管制者的工作主要是与数据打交道。

观念（抽象概念，理论，知识，觉察，洞察力，以新的方式表达或做事情，例如用文字、方程式或音乐）。观念性任务是个人头脑中的工作，如创造、发现、解释和综合抽象概念或抽象概念的应用,科学家、音乐家和哲学家的工作主要是与观念打交道。

事物(机器,工具,生物,材料,如食物、木头或金属)。物的任务是与人无关的任务,如制造、运输、维修和修理。砖匠、农夫和机械工的工作主要是与物打交道。

人群(帮助、照顾人们,为他们服务、提供信息或卖东西给他们)。人的任务是人际任务,如看护、教育、服务、娱乐、说服或领导他人——总之,是要在人类行为中引起一些改变。比如教师与销售等。

拿企业举例,一般企业内会划分不同的职能模块,有些企业中对这些职能模块的称呼可能是职位,而这些称呼可能会有不同。一般来说,企业按照职能来分类有以下8个基础职能如图4-5所示,即销售、市场、研发、生产和服务、客服、财务、人力资源和行政,对于国有企业,还可以细分出党建和纪检职能。

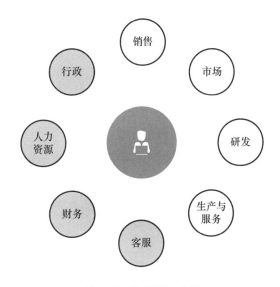

图4-5 职能模块类别

销售。销售是企业生存发展的命脉,也是企业运作的核心,没有销售的企业一切将化为乌有。销售是企业营销组织架构的重要组成部分,销售业绩的好坏将直接影响企业的生存发展。销售工作主要围绕公司的销售目标展开工作,以数据结果说话。销售岗位需要较强的沟通能力、应变能力、抗压能力,还要具有较强的业务开拓能力。

市场。市场是营销组织架构的另一个组成部分。市场职能大概包含市场研究、产品开发和优化、市场开拓、业绩促进4个职能。市场研究负责确定公司产品和服务的需求、竞争者和潜在客户;产品开发和优化负责监督产品研发,根据客户的需求和市场的特点开发新的产品或服务;市场开拓负责开发和维持产品市场,制定价格策略;业绩促进负责确保公司利润最大化和客户满意度最大化。如果说销售可以拉近产品或服务与消费者之间物理距离的话,那么市场则可以拉近产品或服务与消费者之间的心理距离。从事市场类工作需要较强的沟通能力和策划能力。

研发。研发是为了满足客户不断变化的需求,通过创新产品或服务给企业带来收益和利润,使得企业保持竞争优势。在一些传统制造类企业中,可能会没有产品研发职能,而是会有一些工艺的研发。产品研发需要较强的专业能力,想进入这个领域需要有深厚的专业功底作为基础。

生产与服务。对制造类的企业来说,以产品生产为主,主要职责是组织生产、降低消耗、提高生产率,按时保质为客户提供所需的产品。对服务类的企业(企业咨询、心理咨询、设计)来说,以服务为主,主要职责是服务客户满足需求,达成外包的任务。生产和服务需要具备一定的专业能力,对执行力组织协调能力要求高。

客服。客服的职能是按照要求为客户提供服务,从广义上来说,任何能提高客户满意度的内容都属于客户服务的范围。客服按服务流程可分为售前、售中和售后服务 3 种类型,客服按服务方式可分为人工客服和电子客服,其中人工客服又可细分为文字客服、视频客服和语音客服 3 类。在专门提供服务的企业中,客服和服务往往是同一个职位。从事客服类工作需要较强的人际交往能力和沟通能力,同时需要较强的应变能力和关系协调能力。

财务。财务管理是在一定的整体目标下,关于资产的购置(投资)、资本的融通(筹资)和经营中现金流量(营运资金),以及利润分配的管理。财务管理是企业管理的一个组成部分,它是根据财经法规制度,按照财务管理的原则,组织企业财务活动、处理财务关系的一项经济管理工作。简单地说,财务管理是组织企业财务活动、处理财务关系的一项经济管理工作。

人力资源。人力资源管理是企业管理的一个重要组成部分,概括地说,它是为了实现企业战略管理目标,通过一整套科学有效的方法,对企业全体人员进行的管理。人力资源管理基本职能可以划分为 6 个模块,包括人力资源战略规划、招聘与人员配置、培训与开发设计、绩效管理、薪酬管理、员工关系管理。大型企业人力资源岗位会根据模块进行专业细分,岗位专而精,员工可通过岗位轮换逐渐扩展到其他模块,最后获得职业的综合发展;小微企业人力资源岗位一般不会进行专业细分,岗位大而全。

行政。企业行政管理广义上包括行政事务管理、办公事务管理、人力资源管理、财产会计管理 4 个方面;狭义上指以行政综合为主,负责行政事务和办公事务,包括相关制度的制定和执行推动、日常办公事务管理、办公物品管理、文书资料管理、会议管理、涉外事务管理,还涉及出差、财产设备、生活福利、车辆、安全卫生等。行政工作的最终目标是通过各种规章制度和人为努力使部门之间或者有关企业之间形成密切配合的关系,使整个公司在运作过程中成为一个高速并且稳定运转的整体;用合理的成本换来员工最高的工作积极性,提高工作效率完成公司目标发展任务。行政需要较强的组织能力、管理能力、人际和事务处理能力。

如表4-3所列,根据《中国统计年鉴2021》,2020年全国规模以上企业就业人员年平均工资为79854元,比上年增长6.1%。其中,中层及以上管理人员164979元,增长5.2%;专业技术人员112576元,增长6.4%;办事人员和有关人员75167元,增长6.0%;社会生产服务和生活服务人员61938元,增长3.2%;生产制造及有关人员62610元,增长5.1%。中层及以上管理人员平均工资最高,是全部就业人员平均水平的2.07倍;社会生产服务和生活服务人员平均工资最低,是全部就业人员平均水平的78%。

表4-3 2020年分地区分岗位就业人员平均工资

地区	全国规模以上企业就业人员（元）	中层及以上管理人员（元）	专业技术人员（元）	办事人员和有关人员（元）	社会生产服务和生活服务人员（元）	生产制造及有关人员（元）
东部地区	88284	191577	129052	84787	67652	65241
中部地区	64210	117426	81705	58276	50873	56302
西部地区	72086	137805	94913	64525	55665	62250
东北地区	70272	134181	83374	68387	54769	61305
平均工资	79854	164979	112576	75167	61938	62610

三、个人的职业发展路径有哪些打开方式?

——明心老师金句:凡事预则立,不预则废。

明心老师为小姜打开了一扇门,让小姜快速、精准地看到职业世界的真实样子。明心老师说:"在职业世界里,我们的晋升路径与部队有不同之处,有更多转换、深耕、跳跃发展的可能性。在进行职业定位、职业规划的时候,了解职业发展的方向可以帮助我们对自己未来的发展有一个很好的设想。避免对自己发展状况不清晰,盲目转换工作与跳槽。接下来,咱们聊聊个人的发展路径有哪些打开方式? 我将用一张图来展现职场世界里的4条升职之路。在职业世界里,你一共有4条大路可以通向'罗马',我们称之为'横向路''纵贯线''专业路'和'创新线'"。

横向路。通过横向路径获得发展,是指在一个组织里,获得高级管理者的信任和认可,在组织内部横向发展,从一个职位转换到另一个职位,探索更适合自己能力优势和发展路径的岗位。通过这种路径发展,能够让你在一个组织里比其他的人更加具有综合实力,在未来也更有赢的可能性。

纵贯线。纵贯线是指在一个组织、一个行业里走到底,在现有岗位、现有这条线上获得晋升,不断扩大自己管理人、财、物的权限和边界。纵贯线的晋升路径,是我们传统意义上能够想到的路径,深挖一个领域一贯到底的模式,能够让你在一个行业、一个组织里以比别人更为稳妥的方式担纲一项任务,收获一个领域的成绩。例如,技术员→项目助理→项目主管→项目经理→项目总监。

专业路。通过专业路线获得发展,是指在一个行业或组织里,聚焦本岗位的细分方向,提升自己的专业深度,提炼自己专业领域的核心竞争力,通过"人无我有,人有我优"的竞争策略保持在职业世界里的优势。通过这种路径升职,能够让你在一个组织甚至行业里比其他任何人更加具有专业素养,更容易成为"专家"。

创新线。在横向路、纵贯线、专业路以外,在行业及企业以外寻找适合自己的领域及岗位,转换焦点,错位竞争,寻找工作生活新的平衡点,是职业世界里的一条创新线。创新线没有一定之规,类似于武侠小说里的奇门功夫,看似没有章法,实则杀伤力超强,就像一夜之间站上了风口,不费吹灰之力就能起飞。通过这种路径升职,需要你对于宏观环境、行业风口和领袖人物有精准的判断,需要你拥有一些独特的资源,较为可遇不可求。

明心老师看到小姜认真地记着笔记,说:"如果你还想深入了解以上路径的专业理论,我们可以一起来看看职业生涯管理学家施恩(Edger Shein)的职业发展三维圆锥模型,如图4-6所示。我们可以看到职业发展的3种路径:垂直通道、向内通道和水平通道。"

垂直的发展线路是指职位的提升或晋升,个人通过企业设置的等级制度,在垂直方向的职业成功,就是"达到和超越自己所期望的职位"。

向内的发展指的是获得个人影响力和权力,判断一个人向内的职业发展是否成功的标准是:个人是否渗入了职业或组织的核心层。比如有的人喜欢别人向他请教问题,也许他的职位在一个组织或行业中已经遭遇了瓶颈,无法再获得提升,但是他实际仍然对某个组织或行业产生一定的影响力,技术人员比较倾向于喜欢这个方向的影响力。

水平方向的发展指的是职责上的变化,这种变化更符合个人的自我特质,比如技术人员去做采购,属于跨职能的调动,这种发展方向增加了职业的广度和视野,为综合职业发展打下了坚实的基础。

当然在职业发展三维圆锥模型以外,还有第四条创新路,即跳出原有路径和假设,走出一条没人走过的新路线。

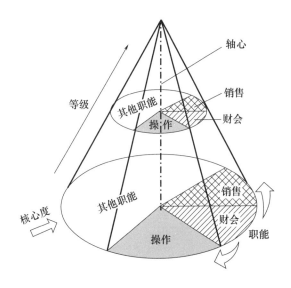

图 4-6　职业发展三维圆锥模型

四、我该怎样了解到真实的职业世界?

——明心老师金句:职业探索的过程,是了解真实职业世界的过程。

小姜对未来的职业之路越来越自信。他问了最后一个问题:"关于职业世界的信息量太大了,如果我要去找工作,要怎么才能知道我看到的职业世界就是真实的,怎样才能避免走弯路呢?"

"我教你一个三步法",明心老师回答道:"搜集信息、与人访谈,开展思考。"

(一)搜集信息

明心老师说:"首先要强调一下我们搜集的是权威信息。去哪里找权威信息呢?请注意一定不是去抖音、不是去今日头条、不是去微博、不是去朋友圈。这些都不是权威信息的来源。请忽略那些在手机里、在微博里、在百度里看到的鱼龙混杂的信息。从某种意义上来说,我们就是应该生活在"新闻联播的世界里",这才是党和政府的权威信息平台。当我们目的明确之后,去人民网、新华网、学习强国 App 等国家级媒体平台上搜集信息。以搜集行业、组织信息为例,我们可以在以上权威平台输入行业、组织的关键词,了解行业、组织近些年来发展的总体情况,通过权威信息来判断这个行业是处于曙光期还是成熟期?这个组织是国有企业还是民营企业,战略走向、主要业务、主要客户、企业规模、员工构成如何?这个行业、组织主要分布在哪些地区和城市中?有哪些岗位可能与自己的未来职业相关?"

当然,如果你信息搜集和处理的能力足够强,你还可以去书店,寻找一本权威出版社出版的关于这个行业或这个组织的书籍,系统性地、深入地理解这个行业或企业,还可以深入研读国内外权威咨询机构等智库机构做的行业分析及公司研究报告。

(二)与人访谈

与人访谈用专业的说法就是"职业访谈"。职业访谈是指对目标职业的从业者进行访问、面谈,获取对该目标职业的准入条件、核心知识结构、必备职业技能、职务升迁路线、薪资情况等全面的信息,帮助我们了解这一职业,获取足够的信息进行参考。通俗来说,就是通过寻找合适的聊天对象,创造聊天的条件,在聊天的过程中有目的地了解内部人士对这个行业、这个组织的客观看法,印证我们通过权威信息搜集所获得的信息,了解实际工作中的特殊问题或需要,例如行业或企业有哪些"潜规则"或"暗语",有哪些核心素质要求,实际晋升路径如何,归属感和稳定性如何等。这些信息都是通过公开权威渠道无法获得的,需要你通过访谈合适的内部人士才能了解。

明心老师说,需要强调的几个问题有:为了获取真实、有效的职场世界信息,"线人"不是随便找的,不是所有的内部人士都是"线人"。你可以尝试在内部人士中的这几类细分人群中寻找合适的"线人",他们是在你的目标行业中工作了3~5年的从业者(一定不要找工作1~2年的新人,他也许还不如你准备充分),他们是目标行业或目标组织里中型或小型企业的"头头",他们是熟悉目标行业或目标组织的资深人力资源工作者或者猎头、职业顾问。如何获取更多的"线人"资源?当你找到一个合适的线人之后,你可以真诚并坦率地向他表达你对行业和组织的兴趣,你可以尝试说:"我还想跟其他人聊聊这个领域的工作,您能向我推荐一些合适的人吗?"

寻找并访谈"线人"能够帮助你深入了解某个特定行业或组织,帮助你提前适应它,了解它目前存在哪些问题或机遇,如果你要申请某个特定职位,这些信息将帮助你调整自己的努力方向,让自己更符合工作的要求。

(三)开展思考

搜集权威信息、寻找并访谈"线人",本质上都是在搜集素材和资料,帮助你了解行业、组织、地区和职位。在拥有这些信息资源的基础上,你需要做的是将权威信息和"线人"聊天中获取的信息做印证,将这些信息与你的优势、缺点、专业、技术以及你所拥有的社会资源做匹配,思考自己在选择一个行业、地区、组织和岗位时的优势和劣势,用一张表把它们罗列出来,理性分析哪一个区间是你进入的较优选择,哪一个区间是你不占优势,尽量不要去触碰的,通过自我思考,提炼出自己成功率较高的领域、区域、行业和组织,回答好"我去哪个行业?""我去哪个地方?""我去哪家单位?""我去干啥?"这4个问题。

在认识了职业世界之后,小姜有针对性地选择了自己熟悉的城市,选择了自己具备技术优势的单位和岗位,很快就完成了向职业世界的平稳换挡,将自己的才干在新的广阔天地里尽情挥洒。

第五章
退役后如何开始求职行动?

在为退役军人提供咨询服务的实践中,明心老师深刻感到,面临退役择业,战友们关心的首要问题是如何锁定目标方向,关键问题还是如何准备和行动起来。

一、靠谱的就业信息渠道有哪些?

——明心老师金句:职业这条路上,你不是孤单一人。

明心老师清楚,有这种困惑的战友大有人在。某地退役军人事务部门曾经做过一个小范围的调研,从问卷调查和集体座谈的情况看,42.1%的退役军人认为,就业信息太少是影响就业的主要原因之一。针对这种情况,明心老师整理了一些有效的就业渠道,并给孙鹏作了具体介绍,如图 5-1 所示。

图 5-1 就业渠道汇总

最传统的就业渠道:退役军人专场招聘会。

对于大部分退役军人来说,招聘会是一个普遍性的选择。通过招聘会,退役军人可以了解不同行业对应聘者的大致要求,并对目标岗位的大致薪资待遇、工作内容等有一个基本掌握,就算不能直接找到工作,也可以充实就业信息储备。

招聘会的形式多种多样,其中退役军人专场招聘会的主要对象是自主择业(逐月领取退役金)干部、退役士兵、大学生士兵(有的还有军人家属)等,其目的性更加明确,所准备的单位和岗位也更有针对性,可以说就是冲着退役军人的良好素质和工作潜力来的,是专门为退役军人准备的"大礼包"。这样的招聘活动,往往在每年的"退役季"举行,战友们要注意关注当地退役军人事务局或人才市场的信息公告,尽量不要错过。

最权威的就业渠道:政府就业服务机构。

每个省市区都有相关的人才招聘官方渠道,比如人力资源和社会保障部门、人才交流中心、人才市场等,都会有相应的官方服务机构,提供各种就业信息,也可以办理劳动人事各项业务。退役军人事务部门成立后,各地普遍设立了退役军人服务中心,专门负责退役军人就业工作,他们提供的就业信息数量大、质量高、针对性强,可以作为重要的就业渠道,战友们也要注意运用组织的力量就业创业。特别是下面这些重要网站,战友们不妨重点关注:

- 中国公共招聘网 http://job.mohrss.gov.cn/
- 中国国家人才网 http://www.newjobs.com.cn
- 中国就业网 http://chinajob.mohrss.gov.cn/
- 北京市人力资源和社会保障局网 http://rsj.beijing.gov.cn
- 中国人力资源市场网 https://chrm.mohrss.gov.cn/
- 中国军视网 http://www.js7tv.cn/
- 中国退役军人就业创业服务促进会 www.tfh.org.cn
- 中国退役军人关爱基金会 www.tyjrga.org.cn

最高效的就业渠道:亲朋好友、战友。

在日常生活中,亲朋好友是我们最亲近的人,也是最关心我们的人。特别是在面临退役人生转折点上,在事关就业发展重大问题方面,亲朋好友往往是我们最大的依靠和支撑。所以,退役军人们可以多与亲朋好友沟通感情、交流思想,介绍自己的兴趣爱好和优势特点,告诉他们自己的求职目标和职业发展想法,也许他们就是你的推荐者和引路人。

你也可以编写简历发送给他们,具体简历如何撰写在后面的部分会有介绍。这样一旦出现合适的机会,他们才能想到你、推荐你。这里需要提醒大家一点:发送信息或简历时,请务必牢记部队的保密要求,不要违反相关规定。

另外,大家要特别注意加强与经历过退役择业的部队老领导、老战友的沟通联系,他们积累总结的一些实在管用的意见建议可以供大家做参考;已经在地方工作比较顺利的,他们的推荐也往往会最有力、最有效。实践中,通过老领导、老战友推荐成功就业的也比比皆是。有一位老兵,用了近三年的时间,才找到一份自己满意的工作,也是通过一位老战友推荐的,而他这位老战友的工作也是另外一名战友推荐的。

最直接的就业渠道:企业官网。

如果你有心仪的企业,可以关注该企业的官网、微信公众号及其他自媒体平台,通常会有投递简历的渠道和人力资源部联系方式。在用人单位的官方网站上,一般都有单位的发展历程、新闻动态、组织结构、资质荣誉、产品或服务等内容,是战友们全面了解单位、准备面试的好途径,需要战友们自行关注。这种情况,一般适宜于一些大型企业,特别是国企、央企的招聘。它们经济效益好、发展空间大、工作稳定、工资待遇高,通常也是退役军人求职的重点单位。

最受欢迎的就业渠道:求职网站。

求职网站可选择的地区范围广、工作种类多,可以按照提示进行注册、编辑简历、提交申请,操作便捷。而且,网站支持根据地理位置、简历适配度、求职者对工作、岗位和公司类型的期望等信息智能推荐职位,提高求职成功率。另外,广播、电视、报刊上有时也会刊登一些人才招聘启事,大家可留意。这些途径有便捷、快速、信息量广等优点,但也有信息过时、真假难辨的问题,因此战友们要认真考察,仔细甄别,慎重求职,避免受骗。目前,比较常用的求职网站主要有以下这些,大家择业时可以试一试:

- 58同城:https://quanguo.58.com/job.shtml
- 前程无忧:https://www.51job.com/
- 智联招聘:https://www.zhaopin.com/
- BOSS直聘:https://www.zhipin.com/

明心老师提醒大家,及时了解相关的招聘信息,对于退役军人的就业来说很重要,能够起到提升求职速度和效率等积极作用。而对于信息来源,也要有一个基本的标准,关注可靠、流量大、有保证的平台,理性对待,多问问多了解再采取行动。

二、我该如何准备求职材料？

——明心老师金句：要打造求职应聘的第一利刃。

求职应聘的"第一利刃"主要是指个人简历，那么如何撰写让人眼前一亮的求职简历呢？明心老师介绍到，个人简历是最重要的应聘材料之一，是求职应聘时通向人力资源部门大门的"敲门砖"。但据统计，世界上98%的简历大多存在针对性不强、必要信息缺失、目标模糊、重点不突出等问题。个人简历的真正目的是打造个人品牌，让用人单位初步大致了解自己，最终成功求职。一般来说，简历主要由以下几个部分组成：

个人信息：个人信息是首要阅读部分，包括姓名、性别、民族、年龄、身高、学历、政治面貌、户口所在地、联系电话、邮箱等。如果招聘信息里有照片要求，那一定要选择制式、正规、有职业感的照片。

工作经历：主要是指在部队工作的情况，包括时间、职位及工作内容等。如果入伍前的工作对应聘岗位有帮助，也可在简历中适当体现。要善于运用倒金字塔的表达方式，做得好的、重要程度高的工作内容要多写，其他的按照主次程度排列，或者简单描述。负责事项和所需的工作能力尽量与要应聘的岗位要求进行靠拢，提高自己与岗位的匹配度。如果从军前没有工作经验，就主要描述入伍期间的表现和表彰奖励情况，如优秀共产党员一次、三等功一次、优秀士兵两次、爱军精武标兵一次等。

教育（培训）情况：包括入伍前的毕业学校、所学专业，入伍后的所学专业、技能，以及退伍后的职业技能培训等级等，用先写近期再写远期的倒叙方式。

自我评价：要用中肯的态度、简练的语言描述自己的主要优势，以及对所应聘职位的理解。要敢于肯定自己的长处和胜任工作的能力，要表现出你对这份工作强烈的意愿，并表明你应聘成功后在职的工作方向和目标。

证书：列出自己获得的各类证书，包括入伍前及入伍后获得的职称及取得时间等，展示自己多方面的专业技能。

个人特长：如特种兵、射击、计算机、外语、驾驶等。

书写一份好的简历，还要重点把握以下要点：

1. 内容真实可靠

撰写简历时，要按照自己的实际情况撰写，不要过于夸大，做到真实地反映本人的学历、经历、技能，这样会让阅读简历的人感受到求职者的诚实可靠，从而产生信任感。如果

"灌水"过多,即便筛选简历时没看出来,面试环节也很容易露出马脚,求职者会被贴上"不诚信"的标签,不仅失去本次求职机会,还可能对其日后求职发展有更多不良影响。

2. 要具有针对性

一是针对自己的特点、特长,以及特别经历等进行重点描述;二是针对要应聘的公司、职位,巧妙将之前在部队的工作成绩与地方的求职岗位需求进行转化。战友们要认真回顾在部队那些年干过什么活,经历过什么事,担任过什么样的职务,完成过什么急难险重的任务。例如:当过 2 年以上班长的,肯定在管理团队、组织协调方面经验丰富;长期在机关从事营房管理或者财务出纳的,在后勤工作上也一定有一技之长;在一些技术类岗位上服役多年的,在机械维护、通信设备操作、施工组织等方面大多能很快上手,能快速给单位形成效益。求职岗位需要具备什么素质和能力,就挖掘自己的相关经历,因为素质是可替换、可转化的。而与求职岗位不相关的,可以在简历中删除。删除与保留的标准要根据申请的职位来确定。

3. 醒目的外表

简历的外表不要花哨,但要醒目。建议不要简历封面,简历只要一到两页纸。要调整格式,使其符合行文规范,如果感到有些字眼需要特别引起注意,可在这些文字上加"着重号"或加粗字体。要善用序号和小标题总结,让人一眼找到简历中的关键词。另外,版面不要过于压抑,段落之间、语句之间要疏密得当,做到版面整洁、美观和便于阅读。

4. "翻译"你的经历和能力

很多战友写简历,或者介绍自己,只是生硬地介绍自己曾经在哪个部队服役,担任过什么职务,从事什么样的工作。但你在这些工作中锻炼出来的能力、素质却没有表达出来,用人单位不知道你具备什么样的资质。所以一定要把你的经历"翻译"成对部队经历不了解的人能理解的话。例如:你写当过步兵班班长,还干得比较好,用人单位不一定对班长有概念。但如果你改成:在基层单位担任 10 人工作小组的负责人,负责组内士兵的纪律、军容、训练、指挥和引导,并多次获得上级表彰;再比如,自己曾在机关负责过营房管理,用人单位对部队机关不了解,但如果你改成:曾在相当于县级单位负责营房管理工作,承担 150 余套营房统计、维修、使用、租赁工作,未出现错漏情况。通过类比和数据的直观展示,既简洁直观,又具有说服力,就很好地将你在部队工作的才干转换为地方人员能够看得懂的东西。

5. 注意检查两遍以上

写完简历后,要仔细检查,至少检查两遍,基本要求是无错别字、语句通顺、没有逻辑错误,各项信息表述无误,内容属实,标点符号前后一致,没有缺漏。也可以请朋友帮忙查看几遍。另外,涉密信息中什么能写、什么不能写,一定要把控好。

6. 简历并不是一成不变的,要及时调整

每家公司对求职者的个人能力和工作经验要求都不一样,建议针对每一家企业具体职位的特点,对自己的简历进行调整和优化,以提高简历通过率。如果实在想不出自己的军人身份如何能给简历增色,也不用着急,我们总结了军人群体典型的优秀品质,大家可以结合自身实际适当使用。

(1)吃苦耐劳。由于军队的特殊性,退役军人练就了坚定的意志,吃苦耐劳和勇往直前是军人的本性,这是每个行业都需要的。

(2)良好的心理素质。勇敢、坚强和强大的心理素质,有助于军人增强对危险的承受能力和免疫能力,以发挥最佳的能力和保持积极的状态。

(3)执行力强。对于军队和军人而言,执行力强则战斗力强。军人坚决有力的态度和作风,不打折扣、不去推诿地执行,才能把各项工作部署落实下去。

(4)善于合作。军人的行动大都是集体行为。大到以师为单位,小到以班为单位。在战斗中,每个人都会承担其他任何一个人所犯的错误的代价,战友之间的团队协作是令人敬佩的。

(5)沟通能力。在作战指挥、军事训练、日常管理工作中所涉及的内部沟通和外部沟通关系锻炼了军人的沟通能力。

(6)工作无借口,绝对服从。对上级布置的任何任务,无论有多大的困难,甚至牺牲自己的生命,军人也会不问原因、不讲条件、不找借口地去执行。

(7)尊重上司。军队绝对服从的法则,所有下级都要保持对上级的绝对尊重。"尊重领导,团结同志"是军人的行为规范之一。

(8)纪律性。守纪律是军人最基本的职业素质,"有组织,有纪律"军队只有纪律严明,才能步调一致,形成强大的战斗力。

(9)责任感。缺乏责任感的人当不了兵。军人的责任感是与生俱来、自然而然的,这种责任感是完成任务的关键。

(10)荣誉感。中国军人荣誉感、使命感、爱国爱家之心大于天。荣誉感是激发战斗精神、维护军队士气、增强战斗力的关键。

(11)不服输。战争的残酷使军人形成"有第一就争,见红旗就扛"的条件反射,不服输、争第一成为生存本能,永不服输的个性伴随军人一生。

（12）果断。军人大多做事果断并且雷厉风行，在战争中，多疑不决、优柔寡断乃兵家之大忌，果断的作风是制胜的关键。

（13）自制力。"做自己最不想做的事，不做自己最想做的事。"老指导员会这样教育军人们。邱少云在执行任务时为了不暴露目标，忍受着烈火烧身的痛苦，直至英勇献身，他是军人自制力的典范。

（14）诚信。对军人而言，讲诚信更是立身之本。诚信诚实、言行一致是军人的纪律要求。

（15）严谨。日常严格的操课训练和严明的纪律管理锻炼了军人严谨的品质，关注细节，减少了犯错的可能性，提升了任务执行力。

（16）可靠。军营对军人的塑造和社会对军人的期望树立军人的可靠形象。

（17）忠诚。忠诚是军人的核心价值观之一，是一切价值的根基。忠诚的员工对于公司来说也是可遇不可求的。

战友们在求职时，除了准备简历之外，还需要准备一些应聘材料，比如各类证书、学术成果和发表的文章和作品等，用于印证简历的基本事实。这些材料可以分成两类：一类是通用证明材料，适用于各类职位，如英语、计算机证书、资格证书、毕业证书等；另一类是根据职位要求提供的材料，通常是入职门槛较高的职业，如会计师、律师证。因此，战友们需要尽早做职业规划，提前准备好心仪行业和职业的相关职称和证书，这样将极大有助于求职。战友们也可以将近几年自己参与起草的材料进行脱密处理，装订成册，展示给面试官，证明你的写作功底，这也是求职应聘的有效做法。

三、我该如何准备笔试？

——明心老师金句：一直躲在角落里就很难有光照亮，只有随时准备才能拥抱不期而遇的幸运。

笔试是一种常用的考核办法，大多用于专业技术要求很强和对录用人员素质要求很高的大型企事业单位，是用人单位进行筛选人才的方式。笔试分为两种类型：一种是技术性笔试，主要用以考核应聘者特定的知识、专业技术要求，专业性强；另一种是更为常见的非技术性笔试，重点考核应聘者对文字的运用能力、逻辑思维能力、数理分析能力等，它是用人单位对求职者所掌握的基本知识、专业知识、文化素养和心理健康等综合素质进行的考查和评估。笔试是相对公平的一种考核方式,因而被越来越多的用人单位所采用,战友们要用心准备。

(一)适合退役军人报考的笔试类型及内容有哪些?

不同类型的退役军人面临不同的就业形式,对于计划安置的转业干部来说,地域不同安置的方式方法也不同,有的地域比如北京市,对计划安置军转干部会组织专门的考试。除此之外,根据CCTV-7国防军事频道的宣传,还有以下几种对退役军人的考试招录优待政策,供不同类型退役军人根据情况选择报考。

1. 事业单位考试

退役军人参加事业单位考试,不同地区政策不同,一般会进行优先录取或者笔试加分,退役军人报考特定岗位还会放宽年龄。服役满12年的退役士兵也可以转业安置到事业单位。事业单位公开招聘考试,各地每年都有不同的事业单位及不同岗位供参考人员来选择,因此不会有固定的单位和岗位,需要你及时了解当年安置地发布的相关公告,享受优待政策参加考试。各地都有相应的优抚待遇,比如从年龄、学历等方面,对退役军人给予相应的放宽。

全国各地事业单位笔试科目按照行业特点和岗位要求有所差异,包括公共基础知识、申论或写作、行政职业能力测验、教育学、心理学、法律法规等。其中,公共基础知识是绝大多数事业单位考试的必考科目。公共基础知识属于综合性考查,内容涵盖广泛、庞杂,其题型大多数是选择题。

2. 公务员考试

公务员考试按照报考机关的层级,包括中央机关公务员录用考试和地方机关公务员录用考试两大类,俗称国考和省考。国考每年1次,10月份出招录公告,11月底、12月初进行笔试;省考每年不定期举行考试,其中4月、9月举行笔试的省份比较多。在公务员考试中,对退役军人主要有以下优抚待遇:

一是定向考录和优先录用。在军队服役5年(含)以上的高校毕业生士兵,退役后可以报考面向服务基层项目人员定向考录的职位,同服务基层项目人员共享公务员定向考录计划,优先录用建档立卡贫困户家庭高校毕业生退役士兵。

二是扩大基层公务员招录数量。各地特别是边疆地区、深度贫困地区,结合实施乡村振兴、脱贫攻坚等战略,设置一定数量基层公务员职位,主要面向退役军人招考,西藏和四川、云南、甘肃、青海四省藏区以及新疆南疆地区县乡逐步扩大招考数量。

三是个别地区公务员考试加分。公务员考试加分是许多战友的期盼,目前来看,个别省份的省考对退役军人的公务员考试成绩进行加分。比如2019陕西省考,对全省自主就业退役士兵报考公务员时予以加分。

公务员考试按照职位的性质、特点和管理需要,划分为综合管理类、专业技术类和行政执法类等类别。报考综合管理类、专业技术类的,笔试主要考察《行测》和《申论》,笔试成绩占比为1∶1;报考执法勤务类的,笔试还要考察《公安类专业科目》,笔试成绩占比为4∶3∶3。

3. 特警考试

在警察队伍中,有一个警种称为特警,对于许多军事素质过硬的退伍士兵来说,走特殊技能人才招考进入特警队伍,相对来说比考普通警察容易很多。一是学历要求,部分省市特警考试学历要求相对没有普通公务员考试要求高。二是专业要求,专业基本为排爆、狙击、特战、军械等,而且许多地方明确规定,仅招退役军人和部分警校学员。因此,如果老家有特警招考信息,抓住机会,赶紧报名。

4. 部队文职考试

对于战友们来说,文职绝对是一个可选项,甚至是优选项,对于大家解决就业问题、重续军旅情缘、发挥个人价值等,也是有积极意义的。在部队服役前从事通信、基建工程、医护、维修等专业技术工作,在应聘中找到专业对口的工作相对其他社会人员有一定的优势。

目前针对退役士兵报考军队文职,对口的可以参加社会招录,具体有什么优惠政策,依据用人单位根据岗位需要和人员编制。同时现役士兵在确定退役前可以参加转改文职考试。虽然退役军人报考时在学历、知识储备等方面有一定差距,但是却能享受加分以及"优先"的待遇,所以退役军人还是有一定的竞争力和优势的。以经济欠发达地区为主的竞争激烈的地域,就业相对比较困难,报考文职相当于考上了事业单位,自然有吸引力。而经济发达地区,就业平台较广,相对而言报考文职的人数就少一些。战友们要量力而行,提高选择的针对性。如果你的学历不占优势,就找一些对这方面要求不高的岗位;如果很多岗位竞争大,可以选择报考一些冷门的岗位;还可以参考自己的服役经历、工作履历、专业兴趣等,合理选择报考岗位。

5. 基层乡镇(街道)公务员考试

乡镇基层公务员招聘主要面向3类人:第一类面向的人群和地方公务员招考对象一致;第二类面向优秀村干部和社区干部;第三类面向的是"三支一扶"人员、大学生村官、退役大学生士兵等,部分地区拓展到退役士官及义务兵,同时部分省市对退役士兵有特殊的招录比例。

6. 社区工作者考试

社区工作者指的是社区党组织、社区居委会和社区服务站专职从事社区管理和服务,并与街道(乡镇)签订服务协议的工作人员。每年都有不少地方给退役军人考社区工作者留有专项比例,以2021年沈阳市某区域为例,招聘退役军人19人,即将结束报名时仅有17人参与,每年这些名额都报不满,各位战友们可以多多留意。值得注意的是,如今全国的村(社区)退役军人服务站正在建立,这也属于社区工作人员岗位,需要参加社区工作者考试,但是考试内容较为简单,好好准备肯定可以通过。

7. 村官考试

村官,一般受众群体特指大学生,是指应届全日制普通高校本科及以上学历毕业生,担任村党支部书记助理、村主任助理或其他职务。退役大学生士兵符合条件的也可以参加考试,全国各地优惠政策不统一,以各地实际招录需求和优待政策为准。比如以浙江杭州为例,该市按不低于20%的比例招聘经职业技能教育培训合格的退役士兵(含退役大学生士兵)为村官,对荣立二等功及以上的可免试录用村官职位。退役大学生士兵在退役3年内参加大学生村官招聘时,享受优先。

8. 招警考试

从每年的招考人数进行区分,招警考试主要分为公务员考试和辅警招聘考试。前者待遇较高,工作稳定;后者竞争难度小,选择性更强。通过招警考试之后,退伍军人可以在各地公安局、法院、检察院、海关、铁路公安、航运公安、森林公安、高速执法等部门工作,继续实现自己"成警"的梦想。部分退伍军人学历不高,辅警招聘可以满足这部分人的就业需要。大多数地区的辅警招聘数量,会比公务员考试更多。辅警考试一般要求大专及以上学历,满足常规的身高要求即可报考,中西部地区、艰苦偏远地区的招聘要求更低。考试流程包括行政职业能力测验、面试、体检和体能测评、全面考察。

(二)参加笔试时,主要有哪些注意事项?

1. 保持良好的身心状态

要适当减轻思想负担,避免处于高度紧张的状态。对自己进行积极暗示,树立自信,进行积极的心态调整。笔试前要注意休息,保证充足的睡眠,以充沛的精力去参加考试。

2. 了解笔试类型，做到有的放矢

技术性笔试和非技术性笔试有不同的考试内容，在考前应作详细的了解，做出相应的准备。比如公务员考试包括公共科目和专业科目，战友可使用指定的参考书，有针对性地练习。而一些笔试则相对灵活，范围也比较大。战友们可查询用人单位以往的笔试内容，以作准备。笔试成绩与平时的努力也有很大的关系，如果兴趣广泛，平时注意收集阅读关于国家政策、社会热点现象等各种信息，考试时就不会手忙脚乱。

3. 笔试准备的3个阶段

准备可分为3个阶段，即基础阶段、巩固阶段和提升阶段。基础阶段是先系统性地学习常考知识点。可以选择买书、看视频课程或是报名辅导班，可以根据自己的基础来定。巩固阶段主要是通过大量的历年真题的练习来提升做题熟练度，既要注重数量，也要看质量。提升阶段是突破学习瓶颈的一个重要阶段，针对薄弱点有针对性地学习。

4. 掌握做题的技巧

经过大量的练习之后会形成自己的做题习惯。注意做题速度，在浏览卷面，了解题目的多少和难易程度后，根据先易后难的原则排出答题速度，抓紧时间作答较容易的题目，余下的时间再认真推敲其他题目。避免因为攻难题费时太多而没有做完会答的题目。

5. 制定切实可行的复习计划，并且根据实际情况不断进行调整

每个人的情况不同，战友们应该结合时间、工作紧张程度、生活情况以及自身不足来制定相应的复习方案。既要充分利用时间，又要做到劳逸结合，保证复习的质量和效果。同时复习计划中要安排实战模拟，查漏补缺，帮助自己适应考场氛围。

6. 做好充分准备再上考场

笔试前要核对笔试的相关信息。认真记下笔试时间、地点，规划好时间提前到场。笔试要求携带的相关证件和考试必备的文具也要准备齐全，另外还要记下公司通知你的电话号码和联系人，方便有事联系。如果条件允许，最好提前去考场，预估一下交通时间，还能提前熟悉考场环境，有利于缓解紧张心理。

（三）线上笔试应该如何准备？

线上招聘和求职可以降低成本，提高效率，不受时间、距离的影响，这些优势会推动线上招聘的发展，并使之成为趋势。越来越多的用人单位选择利用在线笔试作为招聘的环节之一，尤其是互联网企业、银行和大型企业等。

（1）测试硬件是否符合要求。例如，有些笔试要求必须使用 Windows 操作系统且有摄像头的电脑，不支持苹果电脑、手机和 ipad 等设备。所以需要提前判断自己的设备是否符合要求且可以正常使用。

（2）测试确保网络连接顺畅，尽可能使用稳定良好的 4G 信号或 5G 信号和 Wi-Fi 网络。

（3）测试外部环境是否适合笔试。全程确保没有外界干扰、没有其他噪声等因素影响自己考试。

（4）笔试开始前要登录笔试系统核实自己的信息并调试摄像头。建议战友们提前 15~30 分钟登录笔试系统，熟悉一下考试环境。防止考前几分钟入口拥堵，无法及时进入按时参加考试。

另外，需要注意的一点是，在线考试系统大多有健全的智能防作弊体系，以保证招聘笔试的公平公正性。以下这些行为可能会被系统按照作弊处理，如电脑周围出现 2 人及以上、考试全程非本人独立作答、替考、考试过程使用通信设备或佩戴耳机、使用虚拟摄像头或遮挡摄像头、截屏、打开其他页面、离开摄像头范围等，大家不要抱有侥幸心理，被发现作弊后会取消考试资格。

四、我该如何准备面试？

——明心老师金句：没有天生的信心，只有不断培养的信心。

（一）面试要注意什么？

（1）了解面试形式。面试大概会有 3 种类型：结构化/半结构化面试、无领导小组讨论、单独面谈等。每种面试形式都有规律性，可以总结出常用的结构框架和表述方式。另外，作为一名退役军人，每个人的人生体验不同，可以将个人的体会和思考融入进去，显得更真实。

（2）提前做了解。要对应聘公司的背景、行业以及面试的岗位有充分的了解。公司在发布职位的时候，都会明确工作职责和岗位要求，包括职业技能、专业、相关实践经历等。面试前，需要确认自己和岗位的匹配程度、自身的优势劣势。精心准备面试资料，做到有的放矢，体现出对这次面试的重视。

（3）面试礼仪。取得面试官的好感，首先要真正尊重对方。尤其对于转业干部，对方的资历可能比你浅,年龄也比你小,要保持谦虚的态度。面试交谈时,战友们要态度从容、处变不惊,声音洪亮,语言流畅,干脆利落,展现自信形象。

(4)模拟面试。战友们可以邀请亲朋好友作为面试官,配合模拟真实的面试场景,如果条件允许,可以将各种类型的面试形式过一遍。建议找个录音笔或用手机,根据常用题目进行回答,结束后反复回听自己的录音,以便纠正自己的语速、语调、停顿等,大声朗读报纸新闻、好文章也可以让自己的语言规范起来。另外,社会上有很多针对性的面试辅导班,但是良莠不齐,要注意自己辨别,参不参加可以根据自身情况决定。

(5)避免面试小错误。面试常犯的小错误包括没有与面试官眼神交流、面试时没有笑容、姿势不雅、过于紧张、精神面貌差、在胸前交叉双臂显示对抗性、习惯性的小皱眉、小噘嘴、翻白眼、小耸肩等。战友们面试时要注意避免这些错误,以免给面试官留下不好的印象。

(6)面试场合着装应该较为正式。注重塑造端庄得体的整体形象,包括符合自身气质的衣着、合适的穿戴和精神面貌。男士可以穿深色西装搭配白衬衫,避免系花哨的领带,打理好头发,发型看上去干净利落,剃好胡须。女士穿着过膝裙装、套装是合宜的装扮,切勿穿着夸张暴露、浓妆艳抹,简单淡妆即可。

(7)文件要备好。需要提前准备好面试的文件,主要包括个人简历、证件照、学历学位证书、职称证书、作品等。材料要打印整齐,编辑美观。

(二)如何回答面试常见问题?

问1:请你做一下自我介绍。

自我介绍的内容可以根据以下3点来准备:基本信息介绍、应聘公司岗位的原因、能够胜任这份工作的原因。建议不要过多浪费时间重复简历信息,重点引出自己与应聘岗位相关的优势或强项,目的是在最短时间内激发起面试官的兴趣。

问2:你有什么求职规划?

首先,表明自己有认真考虑过这个问题,自己的规划是基于目前的实际情况来设计的。其次,突出自己在工作和学习方面的能力提升。最后,突出自己的稳定性,在单位的职业发展方向要与单位发展相结合。

问3:为什么想加入我们?为什么选择这份工作?

这类问题主要考察求职者对于公司的了解程度,如经营理念、战略布局、企业文化等,以及求职者对于自己所应聘的岗位的工作内容的熟知程度,能否快速上手,要强调自己与这份工作相关的学历知识、工作经验以及入职的意愿等。

问4：你能胜任这份工作吗？你和其他人相比，有什么不一样？

这类问题主要考察求职者的实际竞争力，证实自己有足够的能力可以胜任这份工作，且跟别的竞争者相比有足够的竞争优势来被公司选中。因此，求职者要根据公司和岗位的应聘要求来阐述自己符合这个岗位的理由。

问5：自身有哪些优点？哪些缺点？

优点方面可以结合前面介绍的退役军人的优势，如组织纪律性强、吃苦耐劳、可靠等，同时结合自己的经历进行补充说明。缺点方面，建议挑一些跟工作不太相关的缺点，而且在回答时，要诚恳地表达纠正和克服的意愿。

问6：你期望的薪资待遇？

虽然这是求职者最关心的问题之一，回答时最好表明这不是自己应聘这个职位的首要因素。也可以反问面试官公司招聘的薪资范围是多少，再与自己期望的薪资做对比，选取大概的中间值。同时，也建议在面试前做功课，了解业内薪资水平，有一定的心理准备。

（三）如何准备视频面试？

视频面试是指用人单位与求职者利用互联网作为载体，通过视频摄像头、屏幕、耳麦等载体，以语音、视频、文字的方式，进行即时沟通交流的招聘面试行为。在疫情时代，视频面试已经成为趋势。所以视频面试也应该好好准备，认真对待。

硬件准备：

（1）网络。一般来说，网络选择有3种方式：一是有线网络；二是Wi-Fi；三是手机流量。在面试开始前30分钟，提前进入面试间，进行网络测试，确保通话效果。可以同时准备好无线网络和5G网络，确保网络顺畅。

（2）设备。由于视频面试使用的工具多数都是微信，或者企业指定的专用视频会议软件，所以要谨慎选择视频设备。可选择的设备包括便携式计算机、台式计算机、手机。不管选择哪个设备，都须保证能流畅运行，不能卡机，更不能死机，而且要保证设备电量充足。

（3）软件。当你接到正式面试通知后，一要尽快地熟悉HR指定的软件或平台，熟悉进入、暂停、退出、界面调节等功能；二是如果是常用软件，可以找自己的朋友或家人进行"模拟面试"，充分了解如何处理面试过程中可能遇到的各种问题。

(4)关掉通知。记得关掉手机或其他设备的通知消息声音,避免出现干扰和回音。

(5)突然状况。视频时出现延迟、卡顿、黑屏,或者声音时断时续是常有的事,要注意控制情绪,不要流露出烦躁的言行,同时要向面试官进行解释。

环境选择:

(1)安静。视频面试时要保证环境安静、不被干扰。防止无关人等乱入影响面试,建议最好选择书房,简单背景、环境安静的室内环境。

(2)整洁。保证你的区域在视频画面中是整洁的,最稳妥的就是冷色调纯色墙壁。

(3)光线。选择的区域需光线好,光线柔和一些更好,不要选择强光,切勿背光,要在面试前反复调校光线和角度,以呈现出最好的视觉效果。

仪表着装:

(1)面容整洁。女生要做到浓淡相宜、大方得体、符合身份,男生需要面部整洁、发型干净、清爽自然。

(2)着装得体。全身穿着整齐、搭配完整,最重要的就是要体现目标职业的文化与气质,展现你的衣着和精神面貌。

倾听谈吐:

(1)有研究表明,视频面试的有效交流成分=55%面部/身体语言+38%语音语调+7%说话内容。建议战友们在面试前,对着镜子或者手机、计算机的摄像头,做一些练习和模拟,调整自己的体态、仪表,如正面平视摄像头,挺直身体、放松双肩、适时点头、保持微笑。

(2)使用耳机。避免发生扩音时听不清对方的声音,或收录不必要的背景音等影响。

(3)语速放慢。因涉及网络通信问题,会有些延迟。

(4)注意表达流畅。在回答面试官问题的时候,尽量表达流畅,不要磕磕巴巴,也不要太多"嗯,啊"的语气词。

内容准备:

(1)做一份为这个面试岗位"私人定制"的简历,而不是通用简历,以增强与此岗位的匹配度。

(2)事先将各类技能证书或荣誉证书拍照或扫描成电子稿。记得把这些存在计算机或手机上。

(3)提前准备一份简短的自我介绍。一般来说,考官会在面试的开场请你作一个自我介绍,建议时间控制住1~2分钟,要简洁明了,重点突出,逻辑清晰。

五、求职应聘还要特别注意什么？

——明心老师提醒：务必提高警惕，避免上当受骗。

对于大多数的退役军人来说，自主就业是一个必然之路。由于经验的缺乏，很多战友在就业之路上并不是一帆风顺的。更为可怕的是，一些战友还因为急于求职的不稳定心态，上当受骗，以至于让自己的经济、心理等受到了伤害。一些不法的中介机构也盯上了军人退役后那一笔退役金，想方设法要把这笔钱骗到手。所以，战友们在踏上就业应聘乃至工作的道路上，一定要擦亮眼睛、积累经验，切莫上当受骗。

那么，在就业的路上会有哪些陷阱呢？

第一类是要求职者汇款缴纳报名费、押金、手续费等，说交了押金才能安排工作，或者交培训费、体检费后入职，以及要求缴纳保留职位的押金等。

第二类是网上传销的骗局，声称只需要交几十元会费就可以在家创业，这只不过是传销的网络版而已。

第三类是在一些知名网站、本地论坛发布事先编造好的招工信息，以高薪利诱，以"高薪急聘"等字眼吸引应聘者注意。

第四类是贩卖信息，就是利用招聘为幌子，收集个人信息进行贩卖进行不法交易。

如何才能避免不上当受骗呢？

一是从正规渠道获取招聘信息，如登录正规、知名的网站，到政府人事部门的人才市场和政府劳动部门的劳动力市场或经政府人事、劳动部门审批的职业介绍中介机构求职应聘，正规渠道会验证招聘单位的真实性，审核其营业执照、办理人员的身份证件、加盖公章的单位证明等，切记不可相信不知名的中介公司的宣传和承诺。

二是多方查证招聘公司信息，对求职公司信息要反复核实。可以登录当地的工商局网站、用企查查、天眼查等软件查询一下企业的注册情况。有的公司会冒充一些知名企业的名字进行招聘诈骗，所以退役军人应聘前要仔细核对公司的信息，并确认其招聘信息，必要时可以通过电话等方式进行确认，或咨询亲朋好友的意见。

三是要注意保护个人信息。网上找工作，填写必要的信息是需要的。但是要注意对一些私人的信息进行相应的保护，以防被一些骗子所利用。

四是缴纳费用要慎重。在求职或面试过程中，遇到以各种理由让你缴纳"入职押金"或培训费、报名费、服装费等各种名义的费用时需要仔细甄别，勿贸然汇款、转账。不要相信所谓的"如果不被录用则退款",更不要向对方提供自己的信用卡信息。

五是谨防传销。如果遇到用人单位以各种理由要求就职后收取你的身份证、驾驶证及其他有效证件或者要求代管你的手机时,一定要保持高度警惕。这往往是传销组织的一个基本特征。

六是要保持平和的心态。面对应聘,一个平和的心态很重要。不必自卑胆怯和过分焦虑,给对方以可乘之机。战友们可以采取网上、网下求职同时进行的求职方式,避免因一两次求职失利,让自己的心态失衡,让自己的判断失真。

七是要警惕被"合伙诈骗"。有些中介公司和用人单位提前预谋,合伙诈骗,先是中介单位以求职为由收取各种费用,然后用人单位安排录用,应聘者入职后,再以种种理由辞退。因此,要关注用人单位的资质,入职后应及时与单位签订书面劳动合同,明确合同期限、工作内容、上班地点、工资标准等。

总的来说,社会上的骗子形形色色,骗取费用的方式也层出不穷,令人防不胜防。战友们在求职创业过程中应保持平和心态、充分准备,否则欲速则不达;要对自我有清晰的认知,切勿轻信所谓的"高薪职业";通过多渠道获取和鉴别信息,兼听则明;养成不贪小便宜、不随便走捷径的好习惯。一旦发现上当受骗,要保存好相关的文件资料,及时向人事局、公安派出所、劳动部门等相关部门投诉或报案,寻求法律保护。

下面展示一个优秀简历示例,如图 5-2 所示。

个人简历

姓名：×××	民族：汉族	求职意向：管理/党建
学历：本科	籍贯：四川成都	联系电话：××××××××××
年龄：30岁	政治面貌：中共党员	电子邮箱：××××@qq.com

教育背景

20××.09—20××.06	海军工程大学	专业：自动化
20××.01—20××.06	陆军指挥学院	全军军务参谋业务培训
20××.09—20××.12	大连舰艇学院	海军基层政治工作培训

工作经历

200*年8月—200*年12月　　91000部队　　某连排长、副连长、连长（部队基层管理）

1. 根据上级指示和要求，结合实际，计划安排教学训练工作，领导全连贯彻执行，营造自主学习环境氛围，培养良好学风；
2. 教育和带领全连人员贯彻执行条令、条例和各项规章制度；
3. 严格行政管理，建立正规的教学、工作、生活秩序，抓好养成教育，维护军容风纪，培养严明纪律和优良作风；
4. 搞好学员日常考核和综合考评，负责选拔和培养各级骨干。

200*年8月—200*年12月　　91000部队　　机关组织、干部干事

1. 组织起草有关首长讲话和综合性文字材料，如会议纪要、简报等；
2. 协助督促系统内其他单位贯彻、落实各项工作任务的完成情况；
3. 负责档案信息化录入、核对、查询，档案数字化数据采集、整理。

部队荣誉

- 2017年07月　91000部队优秀党支部书记
- 2015年12月　优秀基层干部
- 2015年07月　91000部队"四会政治教员"比武二等奖
- 2013年12月　卫国戍边金质纪念章
- 2012年12月　三等功一次
- 2012年12月　91000部队（副军级）从严治军先进个人

自我评价

带兵经验丰富，军政兼优，团队管理和组织协调能力突出，服役以来担任过华中科技大学军训教官、新兵集训队队长、退伍老兵连连长、百余人的党支部书记、千部学员集训队队长，独立牵头组织过师级部队管理干部骨干集训和正规化示范观摩等大型活动。忠于职守，敬业奉献，先后在高山、海岛、舰艇等艰苦偏远环境近十个岗位工作，均取得扎实成绩，多次受到上级表彰和肯定。具有较深厚文字功底和较高的政治理论研究水平，先后在**报、**学刊发表过*文章*篇。为人处事充满激情，勇于担当，敢于展现，在与外军交往交流中，充分彰显我军良好形象素质，受到外军称赞。

图5-2　优秀简历示例

第六章
两个都是好工作，我选哪一个？

军士王强今年退役了。作为在部队工作 16 年的一名老兵，王强上过士官学校，自考取得了本科学历，当过班长、代理排长，沟通和管理能力强，个人素质和品德作风都很过硬，荣立个人三等功 1 次，获得多次优秀士兵，又在通信专业有一技之长，是部队领导眼中的优秀骨干，战士们翘大拇指的好班长，要不是家中父母年迈多病，未婚妻多年代为照顾、翘首以盼，王强仍会选择留队继续服役。

退役后，王强在未来职业发展上做了充分准备，加上部队期间的能力储备，在经历过一番面试之后，王强终于成功拿到了自己心仪公司——当地某大型通信企业的 offer，不过令他苦恼的事情也随之而来。原来，部队原单位领导推荐介绍的某事业单位打来电话，王强前期面试结果很好，希望他近期报到入职。此时此刻，王强面临着选择难题：一个是工资多、提成高且自己比较擅长的某大型通信企业的销售岗位；另一个是工作稳定带编制的事业编行政岗位，虽然级别不高但胜在稳定有保障。

怎么选择，可把王强难住了。于是，王强跟给他推荐介绍工作的原单位领导通了电话，希望听听领导的建议。领导向他推荐了资深生涯规划师明心老师，告诉王强可以跟明心老师联系，请她帮助答疑解惑。于是，王强拨通了明心老师的电话……

一、我为什么很难作出选择？

——**明心老师金句**：所有选择的背后都是价值观。

待听完王强的两难处境情况，明心老师给王强先吃了一颗定心丸：王强没有选择困难症。王强的两难处境,其实很有代表性。不仅是工作上的两难选择,生活中我们也处处遇到选择难题:减肥时期遇到美食,你吃还是不吃?上班的道路有两条,一个红灯多但距离短,另一个红灯少但距离稍长,你该如何选择?……

对于王强两难选择问题的本质,明心老师娓娓道来:在我们身边,充满了各种各样的选择,你想要哪一个?你为什么会这么选择呢?在这个世界上,我们每一个人的资源都是有限的,但是我们想要的东西总是希望是最好的,资源有限但需求无限,因此必须要求我们做出选择。而我们在选择的时候,内心都是在遵守推动自己作出选择的一整套准则和逻辑,作出你认为最重要、次重要、不重要等一系列评判标准的标准,其实这就是价值观。可以说,我们在人生过程中所有的选择背后,都体现着一个人的价值观,深植于你内心的原则、理想、标准或准则。

进一步讲,价值观实际上是一种遵循个体的想法和感受,是人生中价值重要程度的排列,因此它不会有一个放之四海而皆准的标准。当我们有了价值观的排序,我们会发现自己作决策时更加坚定准确。价值观提供了"什么对我最重要"这个问题的判断准则。不论是关乎生活,或是职业选择,亦是如此。涉及职业选择,就是我们常说的职业价值观。

明心老师继续说道:"你的选择困难,实际上是两份工作背后折射的职业价值观,你不敢确定,以至于无法选择。"王强在电话的一头似有所悟。

二、职业价值观到底是什么?

——明心老师金句:千人千面,每个人的职业价值观都是不同的。

关于职业价值观排序的话题,王强很感兴趣,他希望明心老师详细介绍下。于是,明心老师跟他说起了自己关于职业价值观的理解,并介绍了美国生涯大师舒伯关于职业价值观的研究成果。

职业价值观,就是人们希望通过工作来实现的人生价值,是人们选择职业的重要因素。通过职业价值观排序可以很好地反映在职业选择问题上,你内心中最看重什么、次看重什么、不看重什么。每一个人的职业价值观都是不同的,都有自己侧重的价值取向。美国的生涯大师舒伯,总结了我们在工作中追求的 15 种价值:

(1)利他主义——让你能为了他人的福利做贡献的职业,社会服务方面的兴趣。

(2)美的追求——使你能够制作美丽的物品并将美带给世界的职业。

(3)创造发明——能使你发明新事物、设计新产品或产生新思想的工作。

（4）智力激发——能让你独立思考、了解事物怎样运行和作用的工作。

（5）独立自主——能让你以自己的方式去做事，或快或慢随你所愿的工作。

（6）成就满足——能让你有一种做好工作的成功感。重视成就的人喜欢能给人现实可见的结果的工作。

（7）声望地位——让你在别人的眼里有地位、受尊敬、能引发敬意的工作。

（8）管理权力——允许你计划并给别人安排任务的工作。

（9）经济报酬——报酬高、使你能拥有想要的事物的工作。

（10）安全稳定——不太可能失业，即使在经济困难的时候也有工作。

（11）工作环境——在怡人的环境里工作（不太冷也不太热，不吵闹也不脏乱），环境或工作的物质条件对某些工作者来说是很重要的，他们对于相应的工作条件比工作本身更加感兴趣。

（12）上司关系——在一个公平并且能与之融洽相处的管理者手下工作，和老板相处融洽。

（13）多样变化——在同一份工作中有机会尝试不同种类的职能。

（14）同事关系——能与你喜欢的人接触并共事。对某些人来说，工作中的社交生活比工作本身要重要得多。

（15）生活方式——工作能让你按照自己所选择的生活方式生活，并成为自己所希望成为的人。

明心老师继续介绍，舒伯的15种价值，并不是涵盖了全世界所有的职业价值，而是根据多年研究总结提炼而来，具有广泛代表性和实践意义的15种。我们每一个人在职业生涯过程中，对这15种价值都会或多或少涉及，每个人都会有自己的价值排序标准和准则。

说到这里，明心老师问道："王强，你觉得你的价值观排序是什么样子的呢？如果你对价值观排序有了清晰而明确的答案，相信前面你说的两难问题便会解决。"

王强陷入思考中，也试着对这15种价值观进行自己的排序。不过他发现这个过程真的很折磨内心。

三、我该如何探求自己的职业价值观

——明心老师金句：越多聆听内心的选择，越多感受职业生涯的通达。

王强提出来，看有没有什么办法能够帮助他弄清楚自己的价值观排序。明心老师告诉王强,她有几套好用的工具,可以帮助王强弄清楚他的价值观排序。

明心老师的第一件工具:舒伯职业价值观量表

首先,明心老师介绍了第一件工具:舒伯的职业价值观量表。舒伯在研究提出15种具有普遍意义的价值取向后,为了方便人们测试,研究开发了WVI(work values inventory)职业价值观量表,如表6-1所列,用于测试一个人的15种职业价值观排序,人们可以通过60道选择题的自测,得出每种工作价值的分数(满分20分),得分最高的3~5种价值就是对你来说最重要的价值(表6-2)。通过量表测试,可以得出对自己重要的价值观排序,并且拥有各自的得分分值。由于维度较多,并被赋予了不同分值,价值观量表结果几乎人人不同。但经过研究和实践发现,千人千面的背后实际仍有规律可循,例如,职业价值观在一个人的生涯阶段,会随着年龄的增长而趋于稳定;职业价值观随着生涯发展会变得越来越重要。

舒伯职业价值观量表

下面表6-1所列60道题,请在题目前面分值处打分。最低分1分,最高分5分,分数越高代表该项内容对你来说越重要。通过测验,你可以大致了解自己的职业价值倾向,为将来择业提供参考依据。

随后,王强在明心老师的指导下,进行了一次舒伯职业价值观量表测试,测试结果得分最高的5种价值分别是:声望地位、经济报酬、生活方式、上司关系、成就满足。

明心老师拿到王强的测试结果后,引导王强进行结果的解读。明心老师问道:"为什么是这5种价值观分数较高呢?"王强对照着测试结果陷入了沉思。过了不久,王强试着回答明心老师的问题。

王强自己分析道:声望地位排序最靠前,得分最高,主要是因为自己多年在部队工作,也一直是单位的管理骨干,可能潜移默化中比较"享受"这种具有一定身份地位的生活,致使声望地位得分靠前。

然后呢,经济报酬得分高的原因,是自己家境一般,父母年事已高且看病亟需用钱,来自家庭生活的困难推动着自己必须首要解决经济问题。

至于生活方式、上司关系、成就满足这3项得分较高的原因,一是因为自己确实不太喜欢按部就班、朝九晚五的工作节奏,比较向往富有激情、挑战性的工作;二是深知一名好领导对于个人发展的重要性,希望能够在一个好领导的带领下有效完成任务;三是由于长期在部队中严格管理氛围下,希望今后的生活更加丰富多彩自由一些。

表6-1 舒伯职业价值观量表

分值	题号	题目	分值	题号	题目
	1	能参与救灾济贫的工作		31	能够减少别人的苦难
	2	能经常欣赏完美的工艺作品		32	能运用自己的鉴赏力
	3	能经常尝试新的构想		33	常需构思新的解决方法
	4	必须花精力去深入思考		34	必须不断地解决新的难题
	5	在职责范围内有充分自由		35	能自行决定工作方式
	6	可以经常看到自己的工作成果		36	能知道自己的工作绩效
	7	能在社会扮演更重要的角色		37	能让你觉得出人头地
	8	能知道别人如何处理事务		38	可以发挥自己的领导能力
	9	收入能比相同条件的人高		39	可使你存下很多钱
	10	能有稳定的收入		40	有好的保险和福利制度
	11	能有清静的工作场所		41	工作场所有现代化的设备
	12	主管善解人意		42	主管能采取民主领导方式
	13	能经常和同事一起休闲		43	不必和同事有利益冲突
	14	能经常变换职务		44	可以经常变换工作场所
	15	能成为你想成为的人		45	常让你觉得如鱼得水
	16	能帮助贫困和不幸的人		46	能常帮助他人解决困难
	17	能增添社会的文化气息		47	能创作优美的作品
	18	可以自由地提出新颖的想法		48	常需提出不同的处理方案
	19	必须不断学习才能胜任		49	需对事情深入分析研究
	20	工作不受他人干涉		50	可以自行调整工作进度
	21	常觉得自己的辛劳没有白费		51	工作结果受到他人肯定
	22	能使你更有社会地位		52	能自豪地介绍自己的工作
	23	能够分配调整他人的工作		53	能为团体拟定工作计划
	24	能常常加薪		54	收入高于其他行业
	25	生病时能有妥善照顾		55	不会轻易地被解雇或裁员
	26	工作地点光线通风好		56	工作场所整洁卫生
	27	有一个公正的主管		57	主管学识和品德让你钦佩
	28	能与同事建立深厚的友谊		58	能够认识很多风趣的伙伴
	29	工作性质常会变化		59	工作内容随时间变化
	30	能实现自己的理想		60	能充分发挥自己的专长

表6-2 计分及解释

得分	对应题目	职业价值观	得分	对应题目	职业价值观
	1、16、31、46	利他主义		9、24、39、54	经济报酬
	2、17、32、47	美的追求		10、25、40、55	安全稳定
	3、18、33、48	创造发明		11、26、41、56	工作环境

第六章　两个都是好工作,我选哪一个?

续表

得分	对应题目	职业价值观	得分	对应题目	职业价值观
	4、19、34、49	智力激发		12、27、42、57	上司关系
	5、20、35、50	独立自主		13、28、43、58	同事关系
	6、21、36、51	成就满足		14、29、44、59	多样变化
	7、22、37、52	声望地位		15、30、45、60	生活方式
	8、23、38、53	管理权力			

听完王强的自我分析,明心老师鼓励地说道:现在你已经发现自己的价值观排序,而且可以自己探求内心的真实想法,相信通过这次测试,你对价值观有了更深刻的认识。接下来,我们运用第二个工具,进一步验证之前测试的结果,同时也是你提升自我认知的过程。

王强已经完成了舒伯职业价值观量表,并得到了自己的测试结果。你是否也想测试一下呢?接下来,希望正在阅读本书的你利用本书的工具集开展自测,看看你的结果是什么?对于结果也像王强那样自我解读下。

明心老师的第二件工具:"8 选 3 自我探索"

明心老师介绍说,"8 选 3 自我探索"实际上是舒伯职业价值观量表的简化版本,可以让我们从自我认识层面进行价值观的排序。它的具体步骤有 4 步:筛选、确认、删减、定义。我们一起来试一试。

王强刚刚做完舒伯职业价值观量表,正意犹未尽,有一些感悟和体会,立刻同意再来一次"8 选 3 自我探索"。王强按照明心老师的指导,一步一步开始了自我探索。

第一步,筛选。先从 15 种价值观类型中选出 8 种来,这是自我初步探索。王强在经过初步的思考后,选择了声望地位、经济报酬、生活方式、上司关系、成就满足、工作环境、同事关系、独立自主。

第二步,确认。将保留下来的 8 种类型大声念出来,看看自我感受是如何的?是否是内心真实感受?是否需要再调整下?王强认为自己的选择是符合真实感受的,于是没有进行调整。

第三步,删减。共区分两轮进行删减,第一轮删减 3 个,第二轮删减 2 个。每一轮的删减,都要重复第二个步骤,进行确认,并自我解释删除的理由。王强在这个过程犹豫很久,第一轮他删减了生活方式、工作环境和独立自主,因为他觉得自己作为退役军人,在外部环境因素上没有过多追求,甘于吃苦奉献仍是军人本色;加之自己刚退役,虽然自己希望未来可以独当一面,但当下对于独立自主没有太多要求。在第二轮的删减中,过程似乎更加漫长,思索再三,王强拿掉了声望地位、同事关系,剩下的最后 3 个分别为:经济报酬、上司关系、成就满足。明心老师询问王强为什么把量表测试中得分最高的声望地位删除?王强从容地答道:那些都是以前的自己,未来的生活需要崭新的我。

第四步,定义。明心老师问:"这 3 个价值观就是反映内心想法的最终 3 个价值观吗?"王强回答:"立足现实,放下过往,从零起步,重新出发。现在的我,就是想找一个能够实现自我价值的工作,并且能够得到稳定甚至可观收入的报酬,未来能够有更大的发展空间。"

听完王强的回答,明心老师清楚,王强对于自己价值观的认识已迈入一个新的阶段,是时候帮助王强解决他的两难问题了。

四、我的两难问题到底该怎样解决?

——明心老师金句:生涯决策的平衡,是横贯一生的研究课题。

经过前面两轮工具的运用,明心老师循循善诱引导王强探求自己内心,得到了属于自己的价值观排序。接下来,明心老师开始回归问题、直面问题,运用第三件工具帮助王强破解他的工作两难问题。

明心老师的第三件工具:生涯决策平衡单

明心老师向王强介绍起第三件工具:生涯决策平衡单。生涯决策平衡单是由詹尼斯等在 1977 年设计的,也是目前比较流行的生涯决策工具,直观而且易操作,如表 6-3 所列。

生涯决策平衡单是解决类似王强遇到的两难问题的绝妙工具,它能够帮助我们通过赋值量化,把面临的选择进行分数化,使我们更有条理地、客观地、具体地看待每一个选项。参照著名生涯辅导专家金树人先生的研究,生涯决策平衡单的选项会从 4 个方面进行分类考虑,这 4 个方面也是我们工作的主要原因。它们是:

——自我物质方面的得失,即选择某一个生涯选项,在物质方面我能够得到或失去的东西。一般包括:个人收入、健康状况、休闲时间、未来发展、晋升机会、社交范围等。

——他人物质方面的得失,即选择某一个生涯选项,在物质方面对他人的影响,常见的他人一般是家人,比如说家庭收入、家庭地位、与家人相处时间等。

——自我精神方面的得失,即做出一项选择时,我能够得到或者失去的精神层面的东西。例如:改变生活方式、富有挑战性、实现社会价值、社会声誉、成就感、工作压力、兴趣的满足等。

——他人精神方面的得失,我做出一个选择时,他人(生涯规划上一般都是指家人)在精神方面的得失,例如:父母的支持、配偶的支持、子女的支持等。

表 6-3 生涯决策平衡单

职业选项考虑因素		所占权重 1~5 的倍数	职业选项 A		职业选项 B	
			正面预期加权分数 A ($+A×$权重)	负面预期加权分数 A ($-A×$权重)	正面预期加权分数 A ($+A×$权重)	负面预期加权分数 A ($-A×$权重)
自我物质方面的得失	个人收入	例:5	3(+15)		4(+20)	
	未来发展					
	休闲时间	例:3		2(-6)		4(-12)
	健康状况					
	晋升机会					
	社交范围					
	其他					
他人物质方面的得失	家庭收入					
	家庭地位					
	家人相处时间					
	其他					
自我精神方面的得失	工作成就感					
	社会声誉					
	工作压力					
	职业安全感					
	兴趣的满足					
	其他					
他人精神方面的得失	父母					
	配偶					
	子女					
	其他人					
合计						

以上 4 类因素,统称为职业选项考虑因素。在解释完考虑因素后,明心老师开始指导王强一步一步来制作完成他的生涯决策平衡单。具体步骤如下:

第一步:列出需要比较的生涯选项,既然涉及选择肯定至少有两个选项。王强将他在职业选择上的两个选项某事业单位和某大型通信企业列在了平衡单上。

第二步:根据自己的具体情况,按照四大选项考虑因素组分别罗列出各组的考虑因素。经过慎重考虑,王强决定在自我物质方面列出 4 个考虑因素:个人收入、未来发展、休闲时间、晋升机会;在他人物质方面列出 2 个考虑因素:家庭收入、家人相处时间;在自我精神方面列出 4 个考虑因素:工作成就感、工作压力、职业安全感、兴趣的满足;在他人精神方面列出 2 个考虑因素:父母和未婚妻。

第三步:为选项考虑因素赋值,即给予权重分数。最重要的因素为 5,最不重要的因素为 1。王强将个人收入和工作成绩感给予了 5 分的权重,因为他认为这两个方面是他最为看重的。同时,对于工作压力和职业安全感,他给予了 1 分的权重,因为他认为自己在承压方面具有优势,抗压能力强,而且他现在还年轻,并不太看重工作稳定,即使出现工作调整等,也在他的承受范围内。

第四步:设定各个选项对相应考虑因素的影响程度分数。从 -10 到 +10 来衡量正面预期和负面预期,根据选项对考虑因素具体项影响的大小而定。

第五步:加权算出总分,然后评估不同的生涯选项。

根据以上 5 个步骤,王强得出了自己的生涯决策平衡单,如表 6-4 所列。

表 6-4 王强的生涯决策平衡单

职业选项考虑因素		所占权重 1~5 的倍数	职业选项 A		职业选项 B	
			正面预期加权分数 A ($+A×$权重)	负面预期加权分数 A ($-A×$权重)	正面预期加权分数 A ($+A×$权重)	负面预期加权分数 A ($-A×$权重)
自我物质方面的得失	个人收入	5	5(+25)		7(+35)	
	未来发展	3	4(+12)		5(+15)	
	休闲时间	2		3(-6)		6(-12)
	健康状况	3	6(+18)		7(+21)	
	晋升机会	3	4(+12)		5(+15)	
	社交范围	2		5(-10)		7(-14)
	其他	5	3(+15)		4(+20)	
他人物质方面的得失	家庭收入	1		6(-6)		8(-8)
	家庭地位	1		5(-5)		8(-8)
	家人相处时间	3	3(+9)		5(+15)	
	其他	3	6(+18)		5(+15)	
自我精神方面的得失	工作成就感	2	5(+10)		4(+8)	
	社会声誉		92		102	
	工作压力	5	5(+25)		7(+35)	
	职业安全感	3	4(+12)		5(+15)	
	兴趣的满足	2		3(-6)		6(-12)
	其他	3	6(+18)		7(+21)	

续表

职业选项考虑因素		所占权重 1~5 的倍数	职业选项 A		职业选项 B	
			正面预期加权分数 A（+A×权重）	负面预期加权分数 A（-A×权重）	正面预期加权分数 A（+A×权重）	负面预期加权分数 A（-A×权重）
他人精神方面的得失	父母	3	4（+12）		5（+15）	
	配偶	2		5（-10）		7（-14）
	子女	5	3（+15）		4（+20）	
	其他人	1		6（-6）		8（-8）
合计		1		5（-5）		8（-8）

在王强统计分数的时候,明心老师进一步向王强解释平衡单的一些注意事项。第一,使用决策平衡单的前提是充分了解自我和工作世界;如果不是很了解自我和外界信息,分数很难打,也很难帮助你做出决策。第二,每个维度的项目因人、因时、因地不同。随着时间的变化,你的平衡单打分可能会有所不同。第三,每一项具体分数是根据分析的优缺点得出,每一份工作对你可能都有利有弊,很难有完美的工作。第四,平衡单的作用不是让你作出唯一决定,也就是说平衡单不是做出最后的决策时唯一的参考,只是对于当下来讲,相对比较好的参考。如果第一决策不太理想,我们也可以考虑第二个选择。第五,决策平衡单是一个动态的过程。

平衡单的分数统计完毕,王强也陷入了深思。这个分数相差其实并不大,但是对于他个人而言非常看重的个人收入也好、工作成就也罢,都是倾向于某大型通信企业。虽然他的父母和未婚妻更加倾向于相对稳定的事业单位,但王强还是觉得自己内心的声音告诉他,还是企业适合他。于是,在深思熟虑后,王强决定前往某大型通信企业工作。

半年后,明心老师接到了王强的报喜电话。由于他在销售岗位上表现优异,多次获得销售冠军称号,公司领导很器重他,让他负责某个重点渠道的销售工作,收入也提高了一大截。

第七章
除了工作,我的人生还有什么可能?

33岁的小王退役后进入社会已有5年时间,他最近遇上了新的困难。老板的方案明天要交,孩子需要多陪伴,老婆因为他时常顾及不到家里,对他已有怨言。家里老人身体不太舒服,还需带医院检查。工作赚钱养家的同时需要兼顾家庭、子女教育、老人陪伴的责任,多角色的冲突压得他喘不过气来,由此引发的一些家庭矛盾也让他想逃避回家。他时常回想起在军营里单身时无忧无虑的轻松时光。于是他找到了咨询师明心老师。

一、为什么我的生活焦头烂额?

——明心老师金句:认识人生彩虹,找寻幸福密码。

明心老师说:"当你处在人生的不同阶段,扮演着不同的角色,这些角色会影响到你的工作和生活,例如,你单身和你成家,扮演的角色变了,你的责任也变了,你开始需要平衡家庭和工作了;当你有了孩子,你在家庭中的角色又会有新的变化,你就需要及时地做出调整,从而达到相对稳定的状态来继续生活和工作。如果你不及时做出调整,就会出现迷茫、焦虑、烦躁等情绪,从而影响正常生活和工作。"

说完,明心老师拿出一张图片进行展示,如图7-1所示。

"这是美国著名职业生涯规划大师舒伯设计的生涯彩虹图。你看,他将人们一生的生涯历程比喻成一道跨越天际的彩虹。他把一个人从生到死经历的人生阶段分为成长、探索、建立、维持、衰退5个阶段。一个人一生中扮演的许许多多角色就像彩虹拥有的色带,纵其一生至少有子女、学生、休闲者、公民、工作者、持家者等6种角色。人生如同一场漫长的旅途,在不同的人生阶段,一个人所扮演的主要角色及投入程度也不尽相同,要承担不同的责任,如何平衡人生历程中各种社会角色的关系,是一门每个人都要探索的功课。"

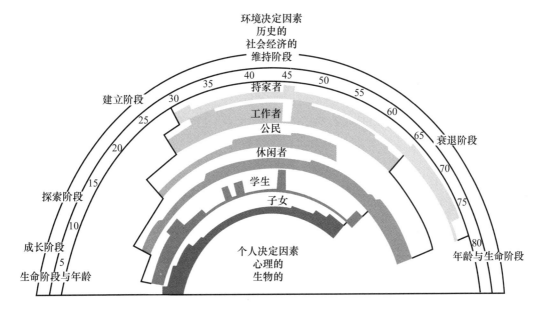

图 7-1 舒伯生涯彩虹图

小王接着问:"那这些角色分别是什么意思呢?"

明心老师说:"我们把成人世界的 6 种角色分为 4 类:工作角色、家庭角色、自我角色和社会角色,请看图 7-2。"

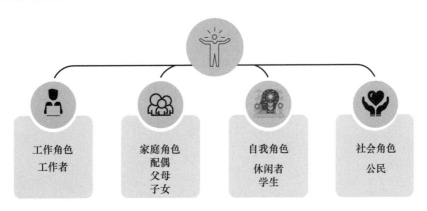

图 7-2 角色分类图

"工作角色是人生中非常重要的一个角色,占据了大半生时间;是全情投入工作的你,创造收入,直到退休。

家庭角色是要当个好丈夫(妻子)、赡养父母、养育孩子。

社会角色中我们作为中国公民,需要遵守法律法规、承担社会责任。如在这次抗击新冠疫情的战役中,除了最美逆行者,各类志愿者、社会团体、海外侨胞都是公民角色的体现。我们也可以尽自己力量做一些志愿者活动,为社会、为他人服务。

不要忽略的是自我角色,其中学生角色并不局限于在学校学习,要鼓励自己坚持终身学习,不断提升自我,从而获得成就感和幸福感。而且,一定不要忘记"休闲者",特别是在快节奏、高效率的社会中,在扮演好这么多角色的同时,你也需要找到能使身心放松的适当方式,如弹钢琴、做瑜伽、冥想等。"

小王说:"怪不得我觉得时间根本不够用呢,要在这么多角色之间来回切换,试图做得完美,但最终结果是什么角色都没有做好。太难了。"

二、如何走出迷茫、走向幸福?

——**明心老师金句:人生需要复盘,幸福需要调适。**

明心老师说:"如果你可以过上你理想中的生活,那你理想的时间分配是怎样的?
小王想了想,画出了图 7-3 所示的理想饼图。

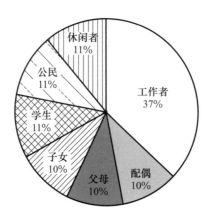

图 7-3 小王理想饼图

明心老师说:"工作生活平衡不一定是给每个角色平均分配时间,你可以正好趁这个机会去反思一下自己内心的价值观,了解自己看重的是什么。一个圆的大小是固定的,当你增加某个部分比例,相应地就需要减少某个部分的比例。这个过程中需要有"牺牲",这个"牺牲"是一种调整。这个"牺牲"是暂时放下一个角色,去关注对你更重要的角色。在不同的生涯阶段,人有不同的生活重点。人的时间和精力是有限的,在同一时刻不可能把所有的角色都做到 100 分。你现在可以认真思考,找到当下的生活重心,进行取舍,这样才能顺利度过每个阶段。第一步是从记录自己的时间开始。除去吃饭睡觉的时间,你有没有记录过或计算过你一天时间是怎么安排的?今天的你有多少个角色?哪个角色占你目前阶段最长或最短时间?你先回家记录一周的时间和角色分配,然后我们再接着往下走。"

小王回家按照要求采取了最原始的纸上记录的方式,每天早上上班第一件事情、中午吃饭以后回来第一件事情就是记录时间,以半天为单位一次性记录,提高准确性。

一周后,小王带着自己的角色饼图(图7-4)回到咨询室。

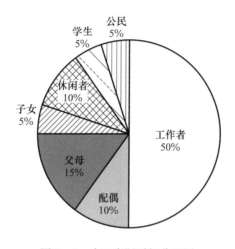

图7-4 小王实际时间分配图

明心老师说:"你看,实际时间分配图和上周的理想时间分配图是不是有很多不同的地方?你可以先试着分析一下为什么会有这样的区别呢。"

小王想了想,说:"孩子我爱人带得多,我带得少一些。其实我是真希望能多陪陪孩子,在她最需要陪伴的时候给她最多的陪伴,这点很遗憾。当爸爸有时候真是开心,比如孩子扑在我怀里亲我,成长过程里忽然给我惊喜的时候。工作狂肯定会升职得更快,但对我来说,我能接受在工作上步调慢一点,在家庭里享受到更多的幸福。至于"丈夫"和"儿子"的角色,因为大家都属于亲密关系,可以通过沟通来调节,减少一些,他们也是可以理解的。"

明心老师追问:"你是否认为因为父母和妻子对你有爱,就可以随意减少给予他们的时间?"

小王突然沉默了,缓了两分钟后才说道:"以前对方无私体谅自己时,并没有意识要为对方考虑,理所当然地认为这样就是应该的,没有什么不妥的。但现在看来,那样是不对的,以前确实没有意识到。"他停顿了一下,接着说"其实我还挺对不起我爸妈的,这几年发现他们老得很快,身体也没有以前硬朗了,但我没有尽到一个好儿子的责任,没有多花时间陪陪他们,照顾他们,真是不应该。"

于是,他把父母和子女的时间调整为25%。

明心老师接着问道:"你确定要砍掉休闲娱乐的时间吗?积极的休闲活动不但不是浪费时间,反而有利于身心的放松、精神的陶冶和人际的交流,你可以想想自己有什么热爱的事物。"

小王说:"我以前喜欢钓鱼,当了爸爸后就放弃了。当把鱼竿甩到水里,全神贯注盯着鱼漂那几秒钟,脑海里一点杂念都没有,感觉心灵被放'空'了,十分舒服,而且垂钓也能锻炼身体,坐等鱼儿上钩,坚持下来对体力也是一种考验。"然后把休闲时间调整为10%。

小王终于确定了理想状态下的角色饼图,如图7-5所示。

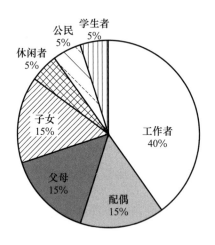

图7-5 小王最终理想角色分配图

明心老师说:"咱们把两张图放在一起比较。最大的不同在哪里,有什么差距,你的感受如何?"

小王说:"我才发现有些角色是我一直忽略的,我以后要多花时间去关注自己的家庭,不能等到失去了才后悔。尤其是工作方面,我发现我的很多焦虑其实来自于外界的压力和社会主流价值观,并不真正来源于我自身的发展诉求。现在我对自我认知进一步增强了,清楚自己想要的到底是什么。我会多跟孩子互动和沟通,把自己的职业发展打造成孩子的榜样,激发孩子内在的上进心,播下乐观、坚强、自信的种子。"

明心老师问:"现在我们已经厘清了理想状态,接下来可以做些什么呢?如果有必须要做的事情,你需要在你的日常中挤出这些时间,找到一些适合自己的提高工作生活效率的方法。"

小王想了想说：“我现在坐地铁上下班需要一个半小时，我可以利用这个时间看看书、听听课，拓展专业知识，满足学习者的时间。还有，我下午上班到四五点老是没精神，晚上回家还要陪伴孩子，感觉特别累，我可以增加30~40分钟午睡时间，提高下午状态和晚上回家的状态。”

明心老师很赞同，说：“对，当你发现时间或者精力不够用时，你要及时进行调整和管理。”

明心老师问：“家庭中，不管是经营家庭还是养育孩子，都需要夫妻分工协作和互相支持，除此之外，可能还需要父母的帮忙和事业中的伙伴支持。那你可以争取到哪些支持？”

小王说：“工作上的事情可以授权给下属，不能都揽在自己身上。做家务活对我们家人来说是很费时费力的，不如把这个时间省下来，定期让家政人员打扫房子或者购买扫地机器人减轻家务负担。我们现在的家庭条件并不允许其中一方辞职回家带娃，所以我回家和老婆商量一下，要不请老人隔一段时间来帮忙或者聘请阿姨帮忙照看孩子。”

明心老师说：“你说得很对，或者也可以换一种思路，家务时间也可以变成亲子时间或者是约会时间。你可以让孩子参与做家务，跟孩子一起做烘焙，或者跟老婆一起去超市买菜，做一顿饭，培养夫妻感情。”

小王说：“父母年纪也大了，爸妈眼角的皱纹慢慢深了，他们的背也驼了，也有了很多慢性病，身体不太舒服，感觉挺对不住他们的。虽然每天去看望不太现实，但我会尽量抽空多回回家，尤其是过节的时候时间较充裕，陪他们聊聊天、逛逛街、做做饭，经常打电话问候一下。”

明心老师说：“在承担每个角色的义务时就全情投入，陪孩子时就注重高质量陪伴，不要边工作边陪伴，陪老人时就不要只是回家看看，全程离不开手机。有些人看重的是家庭，有的人看重事业的成功和职业的发展。这是自己的选择，觉得某一项更重要，现在既然已经做出了选择，就不要纠结，按着计划去实施和调整就好了。”

小王充满信心地回家了。在事后的咨询反馈中，小王写道：“这次咨询帮我复盘了生活的全貌，直观地看出时间和精力都去哪儿了，也让我重新察觉和审视自己的人生，帮助我认识到我的职业价值观实际上在这个阶段已经发生了变化，让自己协调系统中角色之间及角色投入比重的关系来达成自己的理想状态。”

每个人的人生饼图各不相同，明心老师建议我们的战友们像小王一样，现在就动笔画出自己的角色饼图，并且隔一段时间就重新做一次复盘，这样可以发现并减少我们的时间黑洞，让自己成为一个掌控生活的人，而不是被生活推着走的人。人的生命是极其有限的。要过怎样的人生,如何让生命像星星般闪亮?我们不能决定生命的长度,但可以拓展生命的宽度。根据生涯的阶段任务,合理分配和整合角色投入的过程。平衡和骑自行车一样——眼睛盯着前方,才好平衡。什么时候你盯着脚下,车就倒了。如果你没有阶段性目标和规划,就没有平衡,只有妥协。有规划,人生才能更精彩,才能不负韶华、无悔人生。

明心水彩作品《启航》

第八章
退役军人职业生涯宝典之政策宝典

一、退役军人安置就业有关政策问答 100 问

(一)逐月领取退役金安置政策方面

1. 军官按逐月领取退役金方式退役的条件是什么?

大校以下军官退役时符合下列条件之一的,由本人申请,经审核批准后可以以逐月领取退役金方式安置:

(1)担任军官满 16 年的;

(2)担任军士和军官累计满 16 年的;

(3)服役满 20 年的;

(4)直接选拔招录军官、特招入伍军官晋升(授予)少校以上军衔后达龄退役的。

2. 军士按逐月领取退役金方式退役的条件是什么?

军士退役时符合下列条件之一的,由本人申请,经审核批准后可以以逐月领取退役金方式安置:

(1)担任军士满 16 年的;

(2)服役满 18 年的;

(3)晋升(授予)四级军士长以上军衔后,在本衔级服役满 6 年且服役累计满 14 年的。

3. 不作逐月领取退役金的安置对象有哪些?

军官、军士有下列情形之一的,不以逐月领取退役金方式安置:

(1)超过 50 周岁且可以作退休安置的;

（2）因伤残可以作退休安置或者经医学鉴定基本丧失工作能力的；

（3）受审查尚未作出结论或者留党察看期未满的；

（4）被开除党籍或者因故意犯罪受刑事处罚的；

（5）法律法规规定的其他原因不宜作逐月领取退役金安置的。

4. 退役金发放与调整制度是怎样规定的？

（1）退役金区分国家法定退休年龄前后两个阶段发放。达到国家法定退休年龄前，按照规定逐月发放退役金；达到国家法定退休年龄后，按照规定享受基本养老金、职业年金等养老保险待遇，并继续保留一定比例退役金发放终身。

（2）国家建立退役金调整机制。根据经济社会发展水平、财力状况等因素，参照企业和机关事业单位退休人员基本养老金调整幅度和频次，调整退役金。

5. 退役金计发比例是怎样规定的？

退役金根据担任军官、军士年限，按照计发基数一定比例确定，具体计发比例按照下列规定执行：

（1）担任军官满16年或者担任军士和军官累计满16年的退役军官，退役金按照计发基数的60%确定；超过16年的，每多1年计发比例增加2%；符合《退役军人逐月领取退役金安置办法》第五条第四项规定，不满16年的，每少1年计发比例减少2%。

（2）担任军士满16年的退役军士，退役金按照计发基数50%确定；超过16年的，每多1年计发比例增加2%；符合本办法第六条第三项规定，不满16年的，每少1年计发比例减少2%。

确定退役金计发比例以及相关待遇时，担任军官和军士年限、服役年限，以及艰苦边远地区服役年限、特殊岗位服役年限等，不满12个月的按月折算。年限起止时间按照任职命令确定。

6. 增发退役金的情形有哪些？

对获得军队功勋荣誉表彰，以及长期在艰苦边远地区和特殊岗位服役的退役军官、退役军士，按照计发基数一定比例增发退役金，具体增发比例按照下列规定执行：

（1）服役期间获得三等功、二等功（含二级表彰）、一等功（含一级表彰）的，计发比例分别增加2%、4%、8%；获得四等战功、三等战功、二等战功、一等战功的，计发比例分别增加2%、4%、8%、15%；获得勋章、荣誉称号的，计发比例增加15%。多次获得功勋荣誉表彰的，计发比例可以累加，累加比例不超过15%；同一等级功勋荣誉表彰累加的增发比例，不超过上一等级的增发比例；同一事由获得两次以上功勋荣誉表彰的，增发比例就高执行。

（2）在西藏地区、三类以上艰苦边远地区服役满 10 年的,计发比例增加 5%;超过 10 年的,在西藏地区和六类、五类、四类、三类艰苦边远地区每多 1 年计发比例分别再增加 2%、1.5%、1.2%、0.8%、0.5%。在特类岛、一类岛、二类岛服役,分别参照在五类、四类、三类艰苦边远地区服役的相关标准增加计发比例。同一地区符合艰苦边远地区和海岛两种增发情形的就高执行。在上述地区服役增发退役金的比例可以累加,除安置在上述地区外,累加比例不超过 15%。

（3）在飞行、舰艇、涉核岗位服役满 10 年的,计发比例增加 5%。担任作战部队师、旅、团、营级单位主官累计满 3 年的退役军官,计发比例增加 2%。

7. 逐月领取退役金的退役军人达到国家法定退休年龄后退役金如何发放？

逐月领取退役金的退役军人,达到国家法定退休年龄时,保留当月退役金(含艰苦边远地区补助)的一定比例,自下月起按照规定发放终身。其中,担任军官、军士 16 年的保留 20%,每多 1 年保留比例增加 1%,每少 1 年保留比例减少 1%,保留比例不超过 25%。在海拔 3500 米以上地区服役且安置在该类地区的,在该类地区每服役 1 年保留比例再增加 1%,最多不超过 10%。

8. 逐月领取退役金退役军人的养老、医疗保障待遇如何规定？

（1）逐月领取退役金的退役军人基本养老保险和职业年金补助,按照安置到企业的退役军人办法计算。保险关系、补助资金根据国家和军队有关规定转移。退役后就业的按照国家有关规定接续缴纳基本养老保险费,未就业的可以以灵活就业人员身份参加基本养老保险。符合国家规定基本养老保险待遇领取条件的,享受养老保险待遇。

（2）逐月领取退役金的退役军人按照规定参加安置地基本医疗保险,享受相应的医疗保险待遇。退役时,医疗保险关系按照规定转移至安置地医疗保险经办机构,服役期间个人账户资金按照规定转入本人新的账户。退役后因个人身心状况、家庭实际困难等原因无法就业的,参加城镇职工基本医疗保险单位缴费部分由安置地退役军人工作主管部门向当地医疗保险费征收机构缴纳,所需经费由安置地人民政府解决;个人缴费部分由个人按照规定缴纳。逐月领取退役金的退役军官在参加城镇职工基本医疗保险的基础上,参照公务员医疗补助标准,享受相应待遇。

9. 逐月领取退役金的退役军人的住房待遇是如何保障的？

逐月领取退役金的退役军人,享受国家和军队有关规定明确的住房待遇。服役期间的住房公积金,按照规定在其离队时根据本人意愿可以一次性发给本人,也可以转移接续到安置地。转移接续到安置地的,可按照安置地规定享受使用权益。符合条件的人员申请安置地保障性住房时,同等条件下予以优先安排。

10. 逐月领取退役金的退役军人在就业创业扶持、家属安置、抚恤优待等待遇方面是如何规定的?

（1）就业创业扶持。逐月领取退役金的退役军人,享受国家扶持退役军人就业创业和教育培训的各项优先优惠政策。

（2）家属安置。采取逐月领取退役金方式安置的退役军官和符合随军条件的退役军士,其配偶子女随调随迁入学等,分别按照转业军官和安排工作退役军士有关规定执行。

（3）抚恤优待。逐月领取退役金的退役军人去世的,按照国家有关规定发给抚恤金和丧葬补助费,其基本养老、基本医疗保险个人账户和军人职业年金账户资金余额可以继承。

（二）退役士兵安置政策方面

11. 退役士兵包含哪些对象?

依据《中国人民解放军现役士兵服役条例》规定退出现役的义务兵和士官。

12. 士兵退出现役的条件是什么?

士兵符合下列条件之一的,应当退出现役:

(1)义务兵服现役期满未被选取为士官的;

(2)士官服现役满本级规定最高年限未被选取为高一级士官的,在本级服现役期限内因岗位编制限制不能继续服现役的;

(3)服现役满30年需要退出现役的或者年满55周岁的;

(4)因战、因公、因病致残被评定残疾等级后,不能坚持正常工作的;

(5)患病医疗期满或者医疗终结,经军队医院证明和军级以上单位卫生部门审核确认,不适宜继续服现役的;

(6)因军队编制调整需要退出现役的;

(7)因国家建设需要退出现役的;

(8)士兵家庭成员遇有重大疾病、遭受重大灾难等变故,确需本人维持家庭正常生活,经士兵家庭所在地的县级人民政府退役士兵安置工作主管部门证明,经师(旅)级以上单位司令机关批准退出现役的;

(9)其他原因不适宜继续服现役,经师(旅)级以上单位司令机关批准退出现役的。

13. 实行全程退役的士官,退出现役的条件是什么?

《中国人民解放军士官管理规定》第63条对实行全程退役的士官退出现役的条件作

了规定。符合下列条件之一的,可以在本级服役期内各个年度安排退出现役:

(1)家庭成员遇有重大变故,经县级人民政府退役士兵安置工作主管部门证明,本人申请退出现役的;

(2)因战、因公、因病致残被评定残疾等级后,不能坚持正常工作的;

(3)患病医疗期满或者医疗终结,经军队医疗体系医院证明和军级以上单位卫生部门审核确认,不适宜继续服现役的;

(4)年度考评不称职的;

(5)受降职、降衔以上处分的;

(6)留用察看期满后拒不改正错误的;

(7)受刑事处罚未被开除军籍服刑期满或者被处劳动教养(2013年12月28日全国人大常委会通过关于废止有关劳动教养法律法规的决定以前,下同)期满后不适宜留队服现役的;

(8)图谋行凶、自杀或者搞其他破坏活动,继续留队确有现实危险的;

(9)因其他特殊原因不适宜在部队继续服现役的。

14. 实行全程退役的士官退出现役后怎么安置?

部队对符合全程退役条件的士官应严格把关,列入年度退役计划,统一下达退役命令。地方安置部门应按照相关规定予以接收,落实与其实际服役年限、立功受奖等情形相对应的待遇。

符合全程退役条件第(6)、(7)、(8)项情形之一的,按照国家和军队有关规定,可以随时安排退出现役。对于此类人员,部队要严格掌握条件,书面告知地方安置部门;安置部门要及时接收,按自主就业方式安置。

士兵被开除军籍或除名的,离队时不予办理退役手续,由入伍前户籍所在地公安部门办理落户手续,不享受退役士兵相关待遇。

15. 士兵退出现役后的安置方式有哪几种?

(1)退役军士主要有逐月领取退役金、自主就业、安排工作、退休、供养等5种退役安置方式。

服现役满规定年限(服役满18年以上或军士16年以上),以逐月领取退役金方式安置的,按照国家有关规定逐月领取退役金;

服现役不满规定年限,以自主就业方式安置的,领取一次性退役金;

以安排工作方式安置的,由安置地人民政府根据其服现役期间所做贡献、专长等安排

工作岗位;

以退休方式安置的,由安置地人民政府按照国家保障与社会化服务相结合的方式,做好服务管理工作,保障其待遇;

以供养方式安置的,由国家供养终身。

(2)退役义务兵主要有自主就业、安排工作、供养等3种退役安置方式。

以自主就业方式安置的,领取一次性退役金;

以安排工作方式安置的,由安置地人民政府根据其服现役期间所做贡献、专长等安排工作岗位;

以供养方式安置的,由国家供养终身。

16. 哪些退役士兵可以由政府安排工作?

《退役士兵安置条例》第29条规定,退役士兵符合下列条件之一的,退役时可以选择由人民政府安排工作:

(1)士官服现役满12年的;

(2)服现役期间平时荣获二等功以上奖励或者战时荣获三等功以上奖励的;

(3)因战致残被评定为5级至8级残疾等级的;

(4)是烈士子女的。

17. 退役士兵的"服现役年限"如何计算?

根据《中国人民解放军现役士兵服役条例》第五条第二款规定,士兵服现役年限"自兵役机关批准服现役之日起,至部队下达退役命令之日止计算"。士兵服役期间被处以刑罚、劳动教养的,服刑和劳动教养时间不计入服现役年限。

18. 战时荣获三等功以上奖励的"战时如何理解"?

《中华人民共和国刑法》第451条规定,战时是指,"国家宣布进入战争状态、部队受领作战任务或者遭敌突然袭击时""部队执行戒严任务或者处置突发性暴力事件时,以战时论"。上述情况下荣立的三等功,按"战时三等功"认定。

19. 因战致残是如何界定的?

根据《军人抚恤优待条例》规定,符合下列情形之一的,都可以评定为因战致残:对敌作战负伤致残的;因执行任务遭敌人或者犯罪分子伤害致残,或者被俘、被捕后不屈遭敌人折磨致残的;为抢救和保护国家财产、人民生命财产或者执行反恐怖任务和处置突发事件致残的;因执行军事演习、战备航行飞行、空降和导弹发射训练、试航试飞任务以及参加武器装备科研试验致残的;在执行外交任务或者国家派遣的对外援助、维持国际和平任务中致残的。

20. 烈士子女是如何认定的？

士兵的父亲或母亲有一方被批准为烈士，士兵本人即为烈士子女。士兵与其养父、养母收养关系依法确立，其养父、养母有一方被批准为烈士的，也是烈士子女。

21. 哪些退役士兵可以办理退休安置？

《退役士兵安置条例》第41条规定，中级以上士官符合下列条件之一的，可以作退休安置：

（1）年满55周岁的；

（2）服现役满30年的；

（3）因战、因公致残被评定为1级至6级残疾等级的；

（4）经军队医院证明和军级以上单位卫生部门审核确认因病基本丧失工作能力的。

2011年11月1日前已经批准作退休安置的初级士官，按照《退役士兵安置条例》施行前政策继续移交地方安置；《退役士兵安置条例》施行后（2011年11月1日以后），不再批准初级士官作退休安置。

22. 符合什么条件的退役士兵可以由国家供养终身？

《退役士兵安置条例》第42条规定，被评定为1级至4级残疾等级的义务兵和初级士官退出现役的，由国家供养终身。

《退役士兵安置条例》第43条规定，因战、因公致残被评定为1级至4级残疾等级的中级以上士官，本人自愿放弃退休安置的，可以选择由国家供养。

23. 复工、复职、复学的退役士兵，其安置方式如何认定？

复工、复职、复学的退役士兵，其安置方式按自主就业对待，享受安置地自主就业退役士兵同等待遇，地方安置部门不再出具安排工作介绍信。大学生士兵退役后继续完成学业的，由征集地人民政府发放自主就业一次性经济补助，享受教育资助等优惠政策。

24. 退役士兵安置地是如何规定的？

一般情况下，退役士兵安置地为退役士兵入伍时的户口所在地，但符合规定条件的，也可以易地安置。入伍时是普通高等学校在校学生的退役士兵，如果退出现役后不复学，其安置地为入学前的户口所在地。

25. 易地安置有哪些条件？

退役士兵有下列情形之一的，可以易地安置：

（1）服现役期间父母户口所在地变更的，可以在父母现户口所在地安置；

（2）符合军队有关现役士兵结婚规定且结婚满2年的,可以在配偶或者配偶父母户口所在地安置;

（3）因其他特殊情况,由部队师(旅)级单位出具证明,经省级以上人民政府退役士兵安置工作主管部门批准易地安置的。

结婚满2年,是指自士官夫妻双方到婚姻登记机关登记并领取结婚证书之日起,至士官被批准退出现役之日止满2周年。

其他特殊情况通常指:一是国家和军队建设需要,由省级以上人民政府安置部门批准;二是需要照顾就医、就业、生活困难的残疾退役士兵;三是符合政府安排工作条件、自行找到接收安置单位的退役士兵;四是服役期间有重大立功受奖表现,当地政府和有关用人单位愿意接收安置的退役士兵。

易地安置进北京、上海、天津、重庆及其他严格控制人口规模的大城市,还应符合当地落户的相关规定。

26. 退役士兵申请易地安置由什么机关批准?

申请在同一省级行政区域内易地安置的,由该省级人民政府退役士兵安置工作主管部门审核批准。由政府安排工作、国家供养的退役士兵,符合跨省(自治区、直辖市)易地安置条件的,由军队大单位汇总上报总参谋部主管部门统一审核,并经国务院退役士兵安置工作主管部门审批后下达计划。作退休安置的,参照军官退休的有关规定执行。

27. 退役士兵申请易地安置的程序是什么?

由本人申请,军队相关单位审核,省级以上人民政府退役士兵安置工作主管部门批准。

28. 易地安置的退役士兵能否享受安置地士兵同等的安置待遇?

能。《退役士兵安置条例》第11条规定,易地安置的退役士兵享受与安置地退役士兵同等安置待遇。

29. 自主就业的退役士兵是否可以不回安置地报到?报到时间是如何规定的?

不可以。《退役士兵安置条例》第13条规定,自主就业的退役士兵应当自被批准退出现役之日起30日内,持退出现役证件、行政介绍信原件到安置地县级人民政府退役士兵安置工作主管部门报到。报到时间通常在每年的12月至翌年1月。

30. 安排工作的退役士兵报到时间是如何规定的?

安排工作的退役士兵,按照安置地省级人民政府安置工作主管部门签发的《退役士兵接收安置通知书》规定的时间,持《退役士兵接收安置通知书》、退出现役证件和行政介绍信到规定的安置地人民政府退役士兵安置工作主管部门报到,通常在每年的4月至6月。

31. 退役士兵无正当理由不按照规定时间报到的,怎么办?

退役士兵无正当理由不按照规定时间报到超过30天的,视为放弃安置待遇。如,自主就业安置的,不再享受地方人民政府发放的一次性经济补助等待遇;符合人民政府安排工作条件的,不再享受地方人民政府安排工作的待遇。

32. 退役士兵因家庭成员发生重大伤亡、因受灾家庭遭受重大损失、本人突发重大疾病等不可预知的客观原因,不能按时报到、上岗的,怎么办?

士兵退出现役后应该按规定时限到安置地主管部门报到。确因家庭发生重大变故、突发重大疾病、发生意外事故等特殊情况,不能按时报到的,退役士兵有能力时应及时与安置地安置工作主管部门取得联系、说明情况,申请延期报到。

33. 退役士兵的档案如何移交管理?

退役士兵所在部队应当按照国家档案管理的有关规定,在士兵退役时将其档案及时移交安置地县级以上人民政府退役士兵安置工作主管部门。自主就业的退役士兵的档案,由安置地退役士兵安置工作主管部门按照国家档案管理有关规定,结合当地实际情况,移交给有资质的公共人才服务机构托管或退役士兵户口所在地街道办事处、乡(镇)人民政府管理。政府安排工作的退役士兵的档案,由安置工作主管部门移交退役士兵接收单位人事(人力资源)部门管理。大学生士兵复学的,其档案由征集地安置工作主管部门移交入伍前的院校;不复学的,由入学前户口所在地负责接收,按自主就业退役士兵政策做好档案移交管理工作。退休、供养的退役士兵档案,由安置工作主管部门移交军休服务管理机构或荣誉军人康复医院、精神病医院等有关服务管理机构管理。

34. 退役士兵档案要件主要包括哪些内容?

退役士兵档案要件主要包括以下8个方面的内容:

(1)入伍材料:①应征公民入伍登记表;②应征公民入伍批准书(1990年3月以前入伍为应征公民入伍登记表);③应征公民政治审查表(1990年3月以前入伍为应征公民入伍登记表);④应征公民体格检查表;⑤士兵登记表(1990年冬季以前入伍的士兵无此表)。从非军事部门直接招收的士官还应有学历专业审定表、专业技能考核评定表等。院校毕业的士官还应有士官学员入学批准书(1998年、1999年为军士长学员入学批准书)、士官学员毕业分配表。

(2)党(团)材料:①入党(团)志愿书;②优秀党(团)员登记表等。

(3)级别、军衔、职务材料:①士兵军衔报告(登记)表;②士官军衔晋升报告表;③士官选取注册登记表(1979年至1990年选改的志愿兵为志愿兵申请表,1991年至1998年选取的士官为选改专业军士报告表,1999年至2009年选取的士官为士官选取报告表);④士官选取考评登记表;⑤士官年度考评登记表等。代理过干部职务的还应有《士官代理干部职务报告表》。

(4)奖惩材料:受过奖励的应有个人奖励登记(报告)表等;受过处分的应有处分登记(报告)表等。

(5)病情鉴定和评残材料:①军人体系医院或上级医院诊断证明;②军人因病基本丧失工作能力医学鉴定表;③军人残疾等级评定表。

(6)生活待遇材料:①调整工资审批表;②士官配偶随军(调)审批表;③士官随军配偶生活困难补助审批报告表;④退休士官增加退休费审批表等(根据退役士兵的不同情况提供)。

(7)退出现役材料:①义务兵退出现役登记表;②士官退出现役登记表;③退休士官安置登记表;④易地安置材料(根据退役士兵的不同情况提供)。易地安置的并相应提供结婚证、配偶户口本和身份证、配偶所在单位证明,或父母、配偶父母户口本、身份证等证明材料原件。

(8)其他相关材料:①职业资格、学历、学位材料;②各种教育培训材料;③本人居民身份证号码登记材料等。

35. 退役士兵到安置地后如何落户?

退役士兵安置工作主管部门应当于退役士兵报到时为其开具落户介绍信。公安机关凭退役士兵安置工作主管部门开具的落户介绍信,为退役士兵办理户口登记。

36. 士兵退役后发生的问题怎么解决?

《退役士兵安置条例》第16条规定,士兵退役后发生与服役有关的问题,由其原部队负责处理;发生与安置有关的问题,由安置地人民政府负责处理。

37. 从非军事部门直接招收的士官退役后能否安排工作?

《退役士兵安置条例》施行前(2011年11月1日以前)从非军事部门直接招收的士官,其服现役虽不满12年但满上士军衔规定年限的,在《退役士兵安置条例》施行以后退出现役,可以选择按《退役士兵安置条例》施行前政策由政府安排工作或自谋职业;《退役士兵安置条例》施行后(2011年11月1日以后)从非军事部门直接招收的士官,符合《退役士兵安置条例》第29条规定且未选择自主就业安置的,退出现役后由政府安排工作。

38. 符合安排工作条件的退役士兵到安置地民政部门报到后,通常多长时间安排工作?

《退役士兵安置条例》第 35 条规定,安置地人民政府应当在接收退役士兵的 6 个月内,完成本年度安排退役士兵工作的任务。

39. 安排工作的退役士兵在待安排工作期间,能否向政府申请生活费?

安排工作的退役士兵在待安排工作期间,由安置地政府按照不低于当地最低生活水平的标准,按月发给生活补助费。

40. 安排工作的退役士兵待安排工作期间算不算工龄?

由人民政府安排工作的退役士兵,服现役年限和符合《退役士兵安置条例》规定的待安排工作时间计算为工龄,享受所在单位同等条件人员的工资、福利待遇。

41. 接收安置单位应在安置部门开出安置介绍信后多长时间安排退役士兵上岗?

《退役士兵安置条例》第 36 条规定,接收安置单位应在政府安置工作主管部门开出介绍信 1 个月内,安排退役士兵上岗。

42. 哪些单位应该接收安置退役士兵?

《中华人民共和国兵役法》第 64 条规定,机关、团体、企业事业单位有接收安置退出现役军人的义务,在招收录用工作人员或者聘用职工时,同等条件下应当优先招收录用退出现役军人;对符合政府安排工作条件的退出现役军人,应当按照国家安置任务和要求做好落实工作。

43. 接收安置单位与安排工作的退役士兵最少签订几年合同?

《退役士兵安置条例》第 36 条规定,接收安置单位应与安排工作的退役士兵依法签订期限不少于 3 年的劳动合同或者聘用合同。《关于深入贯彻<退役士兵安置条例>扎实做好退役士兵安置工作意见的通知》(国办发〔2013〕78 号)规定,军龄 10 年以上的应当签订无固定期限劳动合同。

44. 安排工作的退役士兵所在单位倒闭或裁员怎么办?

《退役士兵安置条例》第 36 条规定,在安排工作退役士兵与接收安置单位签订的合同存续期内,如果单位依法关闭、破产、改制,退役士兵与所在单位其他人员一同执行国家有关规定。接收退役士兵的单位裁减人员的,应当优先留用退役士兵。

45. 接收安置单位对安排工作的退役士兵,不按规定安排上岗该怎么办?

《退役士兵安置条例》第 38 条规定,非因退役士兵本人原因,接收单位未按照规定安排退役士兵上岗的,应当从所在地人民政府退役士兵安置工作主管部门开出介绍信的当月起,按照不低于本单位同等条件人员平均工资 80% 的标准逐月发给退役士兵生活费至其上岗为止。

46. 对安排工作的残疾退役士兵有哪些特殊保护政策？

《退役士兵安置条例》第39条规定，对安排工作的残疾退役士兵，所在单位不得因其残疾与其解除劳动关系或者人事关系；安排工作的因战、因公致残退役士兵，享受与所在单位工伤人员同等的生活福利和医疗待遇。

47. 符合安排工作条件的退役士兵，安排工作后是否可以要求重新安排？

不可以。安置地政府只负责保障安排工作退役士兵第一次就业。

48. 退役士兵不服从政府安排工作怎么办？

《退役士兵安置条例》第40条规定，符合安排工作条件的退役士兵无正当理由拒不服从安置地人民政府安排工作的，视为放弃安排工作待遇。

49. 政府安排工作的退役士兵在待安排工作期间被依法追究刑事责任的怎么办？

退役士兵在待安排工作期间被依法追究刑事责任的，取消其由政府安排工作的待遇。

50. 符合政府安排工作条件的退役士兵，档案如何转递到地方？什么时间到地方安置部门报到？

符合政府安排工作条件的士官，其档案实行集中审理交接的办法，一般从翌年的1月开始，至4月底结束；集中交接的政府安排工作退役士官的工资，由部队发至翌年7月31日；集中交接的档案材料，由军队各大单位军务部门分别向有关省级安置部门进行移交；各省级安置部门应及时审核档案材料，对符合规定条件的签发《接收安置通知书》，对有疑义的及时与大单位军务部门沟通，对不符合规定条件的，应及时将档案材料退回军队大单位军务部门，并说明退档原因；集中交接的退役士官接到《接收安置通知书》后，应在规定时间到地方安置部门报到。

符合政府安排工作条件的义务兵，随年度退役士兵集中离队，其津补贴由部队发至当年12月31日；档案材料由部队师（旅）、团级单位直接邮寄安置地民政部门，由安置地民政部门组织审核，逐级报省级民政部门审批。

51. 哪些士兵退役后采取自主就业安置方式？

不符合安排工作、退休、供养条件的义务兵和服现役不满12年的士官，均采取自主就业方式安置。

符合安排工作条件的退役士兵，也可以选择自主就业方式安置，但应在退役时选择。

52. 自主就业的退役士兵享受哪些待遇？

按自主就业方式安置的退役士兵，其在离队时可领取由部队发给的一次性退役金。

回地方报到后可领取安置地人民政府发放的一次性经济补助,同时享有教育培训、就业创业、考学等方面的优惠政策。

53. 残疾退役士兵可以优先享受国家规定的残疾人就业优惠政策吗?

可以。《退役士兵安置条例》第 27 条对此进行了明确的规定。

54. 退休士官和国家供养退役士兵的报到时间是如何规定的?怎样办理移交接收安置手续?

通常根据移交、接收和安置的条件确定。退休士官的报到程序,参照移交政府安置的军队退休干部的有关规定执行。

国家供养的退役士兵,伤病残情况相对比较严重,特别是患精神病士兵属于限制行为能力人或无民事行为能力人,需要监护人(主要是家属)代为处理相关事务。对经审查符合移交条件的伤病残士兵,安置地人民政府民政部门要及时通知伤病残士兵所在旅、团级部队和监护人进行人员交接。部队接到通知后,应当在士兵监护人的协助下,为伤病残士兵办理退役手续,结算有关经费。部队要指派得力干部护送伤病残士兵到安置地人民政府民政部门报到,并由部队、民政部门和士兵监护人共同办理移交接收安置手续。需要直接住院治疗的,有关精神病医院要派人参加交接,民政部门应协助部队将伤病残士兵送到指定医院。报到时间,按照国务院退役士兵安置工作主管部门和总参谋部的年度计划执行。评定残疾等级的退役士兵,应当在自报到 60 日内向安置地县级民政部门申请转接抚恤关系。

55. 退役士兵放弃安排工作待遇、选择灵活就业的申请程序和相关待遇是怎么规定的?

(1)本人书面申请。按照《关于进一步加强由政府安排工作退役士兵就业安置工作的意见》规定,退役时选择由政府安排工作的退役士兵回到地方后又放弃安排工作待遇的,经本人申请确认后,允许灵活就业。上述退役士兵,应当在确认选岗前向安置地退役军人事务部门提出书面申请,如实填写《安排工作退役士兵自愿放弃安排工作选择灵活就业申请表》。申请书和申请表必须由本人签名。

(2)部门审核办理。对符合条件的退役士兵,安置地退役军人事务部门应当与本人签订协议书,明确双方责任、权利和义务;并按退役士兵在部队选择自主就业应领取的一次性退役金和地方一次性经济补助之和的 80%,发给一次性就业补助金。一次性就业补助金发放原则上与年度安排工作同步完成,因资金预算等原因确须延至下一年度发放的,应当向退役士兵说明情况,并于下一年度 12 月底前付清。灵活就业的退役士兵可按规定享受扶持自主就业退役士兵就业创业的各项优惠政策。

56. 如何认定和管理"视为放弃安置待遇"和"视为放弃安排工作待遇"？

（1）《退役士兵安置条例》中规定的"不服从安置地人民政府安排工作"，是指退役士兵无正当理由不按本通知要求办理安排工作手续，即：超过规定时间拒不到安置地退役军人事务部门领取《退役士兵安排工作介绍信》，或虽领取介绍信但超过规定时间拒不到接收单位办理上岗手续。

（2）原属自主就业的退役士兵，被认定"视为放弃安置待遇"的，不再享受地方一次性经济补助。原属安排工作的退役士兵，被认定"视为放弃安置待遇"或"视为放弃安排工作待遇"的，不再享受政府安排工作待遇，也不享受灵活就业一次性就业补助金、自主就业地方一次性经济补助。上述退役士兵在补办报到等手续后，可享受扶持退役军人就业创业的优惠政策。

（3）"视为放弃安置待遇"和"视为放弃安排工作待遇"的退役士兵，安置地退役军人事务部门应当书面告知本人，并以适当形式在一定范围内向社会公开，退役士兵档案按照当地自主就业退役士兵档案管理规定办理。

57. 退役士兵因特殊情形不能按时报到和办理安排工作手续的处理是怎样规定的？

（1）退役士兵在规定的到地方报到期限内，报到前突发重大疾病或者发生事故的，由原部队根据实际情况按照有关规定予以处理。其中，离队前由原部队、离队后由退役士兵本人或家属，在规定的报到期限内向安置地退役军人事务部门书面说明情况，申请延期。申请延期时间一般不超过30日（下同）。超过延期时间确实无法到地方报到的，由军地协商达成一致意见后，按实际情况妥善处理。

（2）退役士兵按规定到安置地退役军人事务部门报到后，在规定的到接收单位办理上岗手续期限前，突发重大疾病或者发生事故的，由退役士兵本人或家属在规定的办理安排工作手续期限内向安置地退役军人事务部门、接收单位分别书面说明情况，申请延期。超过延期时间确实无法办理安排工作手续的，由安置地退役军人事务部门根据实际情况按照相关规定予以处理。

58. 因战5级至6级残疾中级以上士官，自愿放弃退休安置，可以选择由政府安排工作吗？

可以。中级以上士官因战致残被评定为5级至6级残疾等级，本人自愿放弃退休安置选择由人民政府安排工作的，可按照《退役士兵安置条例》中安排工作退役士兵的相关程序办理。

59. 退役士兵服现役年限可以计算为工龄吗?

可以。《退役士兵安置条例》第44条规定,退役士兵服现役年限计算为工龄,与所在单位工作年限累计计算,享受国家和所在单位规定的与工龄有关的相应待遇。

60. 退役士兵的党(团)组织关系由哪级组织管理?

自主就业的退役士兵,党、团组织关系由户口所在地的街道或乡镇接收管理;安排工作的退役士兵,党、团组织关系由所在单位接收管理。

61. 接收安置退役士兵的单位不执行《退役士兵安置条例》怎么办?

《退役士兵安置条例》第50条规定,对违反条例规定,有下列情形之一的,由当地政府安置主管部门予以处罚:(1)拒绝或者无故拖延执行人民政府下达的安排退役士兵工作任务的;(2)未依法与退役士兵签订劳动合同、聘用合同的;(3)与残疾退役士兵解除劳动关系或者人事关系的。

处罚方式主要是责令限期改正。对逾期不改的,对国家机关、社会团体、事业单位主要负责人和直接责任人员依法给予处分;对企业按照涉及退役士兵人数乘以当地上年度城镇职工平均工资10倍的金额处以罚款,并对接收单位及其主要负责人予以通报批评。

62. 退役士兵弄虚作假骗取安置待遇的,怎么处罚?

《退役士兵安置条例》第51条规定,退役士兵弄虚作假骗取安置待遇的,由安置地人民政府退役士兵安置工作主管部门取消相关安置待遇。

63.《退役士兵安置条例》是否适用于中国人民武装警察部队?

适用。《退役士兵安置条例》第52条对此有明确规定。

(三)退役士兵教育培训政策方面

64. 退役士兵参加免费职业教育和技能培训有什么基本要求?

政府组织退役士兵参加职业教育和技能培训,要坚持以促进就业为目的,以市场需求为导向、以中等职业教育和技能培训为主体,以高等职业教育、成人教育和普通高等教育为补充,本着退役士兵自愿参加、自选专业、免费培训的原则,以省或地级市为单位统一组织实施,力求通过职业教育和技能培训,使大多数退役士兵取得相应学历证书和职业资格证书。退出现役1年内可以选择免费参加职业教育和技能培训,教育培训期限一般为2年,最短不少于3个月,具体期限由各地根据当地实际情况规定。退役士兵不可以自己选择免费教育培训机构,应在政府确定的承担退役士兵免费教育培训任务的各级各类院校和机构中选择。

65. 国家对退役士兵的适应性培训是怎样规定的？

2021年下发的《关于全面做好退役士兵教育培训工作的指导意见》规定：国家推行退役军人适应性培训制度，适应性培训的实施主体是各地退役军人事务部门，由省（区、市）退役军人事务部门结合实际统筹安排；适应性培训要在自主就业退役士兵返乡报到后及时组织实施，培训时长不少于80学时；适应性培训内容包括思想政治和安全保密教育、退役政策及相关法律法规、心理调试、职业指导、人才测评和培训就业推介等；适应性培训的形式相对灵活，可以是线下集中教学，也可以采用"互联网＋培训"等多种手段；在培训监管上，要对适应性培训定期评估，确保培训效果。

66. 退役士兵可在易地进行培训吗？

可在省级行政区域内进行易地培训。《民政部、财政部、总参谋部关于加强和改进退役士兵教育培训工作的通知》（民发〔2014〕11号）明确指出，要"逐步开展省级行政区域内易地教育培训"，允许士兵可凭《义务兵（士官）退出现役证》、安置地民政部门证明向培训机构所在地民政部门申请，经省级民政厅审核同意后，易地参加教育培训。所需交通费、保险费等额外费用由退役士兵本人自理。毕业后，凭毕业证书、职业资格证书、学费收据向安置地民政部门申请，按不超过安置地相关教育培训标准据实报销。

67. 退役士兵退出现役1年以上的，参加职业教育培训能享受什么优惠政策？

按《国务院关于加强职业培训促进就业创业的意见》（国发〔2010〕36号）规定的政策执行，优惠政策主要有：培训合格并通过技能鉴定取得初级以上职业资格证书，根据其获得职业资格证书或就业情况，按规定给予培训费补贴。企业新录用的符合职业培训补贴条件的，由企业依托所属培训机构或政府认定培训机构开展岗前培训的，按规定给予企业一定的培训费补贴；对通过职业技能鉴定并取得职业资格证书或专项职业能力证书的，按规定给予一次性的职业技能鉴定补贴。

68. 退役1年以上考入全日制普通高等学校的退役士兵能享受什么优惠政策？

考入全日制普通高等学校（包括全日制普通本科学校、全日制普通高等专科学校、全日制普通高等职业学校）的退役士兵，可以按照《财政部、教育部、民政部、总参谋部、总政治部关于实施退役士兵教育奖励政策的意见》（财教〔2011〕538号）和《财政部、教育部、中国人民银行、银监会关于调整完善国家助学贷款相关政策措施的通知》（财教〔2014〕80号）规定，享受教育资助政策。包括学费资助、家庭经济困难退役士兵学生生活费资助、其他奖助学金资助。学费资助标准是本专科学生每人每年最高不超过8000元，研究生每人每年不超过12000元。资助的学费由财政、教育部门按程序补助退役士兵学生所在学校，生活费及其他奖助学金资助直接补给退役士兵本人,资助期限包含全日制普通高等学历教育一个学制期。

2021年9月,退役军人事务部等七部门联合印发的《关于全面做好退役士兵教育培训工作的指导意见》规定,自2019年秋季学期起,对通过全国统一高考或高职分类招考方式考入普通高等学校的全日制在校自主就业退役士兵学生均实行学费减免,减免最高限额按规定标准执行;全日制在校退役士兵学生全部享受本专科生国家助学金。退役士兵参加全日制中等职业教育的,按规定享受中等职业教育国家奖助学金和免学费政策。

69. 退役士兵就读成人高等学校有什么优惠政策?

《教育部关于进一步落实好退役士兵就读中等职业学校和高等学校相关政策的通知》(教职成函〔2014〕4号)明确,退役士兵参加全国成人高考,省级成招办可在考生考试成绩基础上增加10分投档。义务兵退役的普通高职(专科)毕业生,凭身份证、毕业证、士兵退役证,可申请免试就读所在省的成人高校专升本。

70. 退役士兵就读普通高校有什么优惠政策?

《教育部关于进一步落实好退役士兵就读中等职业学校和高等学校相关政策的通知》(教职成函〔2014〕4号)明确指出:退役士兵可在高考成绩部分基础上加10分投档;服役期间荣立二等功以上或被大军区以上单位授予荣誉称号的,可在其统考成绩总分的基础上增加20分投档。普通高校应届毕业生应征入伍服义务兵役退役后的学生,3年内参加全国硕士研究生考试,初试总分加10分并在同等条件下优先录取,服务期间荣立二等功以上奖励且符合条件的,可免试攻读研究生。入伍前已被高校录取并保留入学资格或保留学籍的,退役后2年内允许入学或复学,享受奖学金、助学金和减免学费等优待,家庭经济困难的,按照国家有关规定给予资助。入学后或者复学期间可以免修军事技能训练,直接获得学分。入学或者复学后参加国防生选拔、参加国家组织的农村基层服务项目人选选拔,以及毕业后参加军官人选选拔的,优先录取。省级行政部门指定的部分省属公办本科普通高校举办普通专科起点升本科教育,采取计划单列、自愿报名、统一考试、单独录取的办法,面向本省具有普通高职(专科)毕业学历的退役士兵招生,学生在校学习时间一般为2年。具有高中学历的复转军人纳入各地高等学校单独招生范围。

(四)退役士兵就业创业政策方面

71. 企业招用自主就业退役士兵的税收优惠政策有哪些?

2019年,财政部、国家税务总局、退役军人事务部下发《关于进一步扶持自主就业退役士兵就业创业税收政策的通知》,较之前下发的相关政策规定有了较大幅度的税收优惠,主要有:企业招聘自主就业退役士兵,与其签订1年以上期限劳动合同并依法缴纳社会保险费的,自签订劳动合同并缴纳社会保险当月起,在3年内按实际招用人数予以定额依次扣减增值税、城市维护建设税、教育费附加、地方教育附加和企业所得税优惠。定额标准为每人每年6000元,最高可上浮50%。自主就业退役士兵在企业工作不满1年的,应当按月换算减免税限额。企业招用自主就业退役士兵既可以适用上面通知规定的税收优惠政策,又可以适用其他扶持就业专项税收优惠政策的,企业可以选择适用最优惠的政策,但不得重复享受。

72. 对自主创业的退役士兵国家有哪些扶持规定和优惠政策?

2013年下发的《工商总局关于进一步发挥工商行政管理职能作用做好退役士兵安置工作的通知》中明确:各地要专门设立退役士兵工商登记注册窗口,更有针对性地为退役士兵提供"一站式"开业指导、注册登记和跟踪服务。对从事个体经营的退役士兵,除国家限制行业外,自其在工商行政管理部门首次注册登记之日起3年内,免收管理类、登记类和证照类的行政事业性收费。引导退役士兵在符合国家产业政策的领域自主创业,指导自主创业的退役士兵运用商标、广告、合同等手段,实施品牌经营和规范化运作,提高企业生存能力和市场竞争能力。

《关于促进新时代退役军人就业创业工作的意见》明确,退役军人从事个体经营,符合条件的可享受国家相关税收优惠。2019年财政部、税务总局、退役军人事务部联合下发的《关于进一步扶持自主就业退役士兵创业就业有关税收政策的通知》明确,对自主就业退役士兵从事个体经营的,自办理个体工商户登记当月起,在3年内按每户每年12000元为限额依次扣减当年实际应缴纳的营业税、城市维护建设税、教育费附加、地方教育附加和企业所得税优惠。限额标准最高可上浮20%,各省、自治区、直辖市人民政府可根据本地区实际情况在此幅度内确定具体定额标准。

73. 对自主就业退役士兵经营小微企业有哪些税收优惠政策?

对退役士兵创业和个体经营,除了以上特殊优惠政策外,还有以下普惠性税收优惠政策:对月销售额10万元以下(含本数)的增值税小规模纳税人,免征增值税。对小微企业年应纳税所得额不超过100万元的部分,减按25%计入应纳税所得额,按20%的税率缴纳企业所得税;对年应纳税所得额超过100万元但不超过300万元的部分,减按50%计入应纳税所得额,按20%的税率缴纳企业所得税。上述小微企业是指从事国家非限制和禁止行业,且同时符合年度应纳税所得额不超过300万元、从业人数不超过300人、资产总额不超过5000万元等3个条件的企业。

74. 对从事个体经营的自主就业退役士兵如何申请小额担保贷款?

自主就业退役士兵从事个体经营或创办经济实体资金不足时,可持《中国人民解放军义务兵退出现役证》《士官退出现役证》等向商业银行申请贷款。贷款额度个人一般不超20万元、小微企业不超过50万元,时间最长3年。

75. 退役士兵返乡参与乡村振兴建设有哪些政策?

《退役士兵安置条例》第二十六条明确:"自主就业的退役士兵入伍前通过家庭承包方式承包的农村土地,承包期内不得违法收回或者强制流转;通过招标、拍卖、公开协商等非家庭承包方式承包的农村土地,承包期内其家庭成员可以继续承包;承包的农村土地被依法征收、征用或者占用的,与其他农村集体经济组织成员享有同等权利。自主就业的退役士兵回入伍时户口所在地落户,属于农村集体经济组织成员但没有承包农村土地的,可以申请承包农村土地,村民委员会或者村民小组应当优先解决。

76. 退役军人参与乡村振兴的主要渠道有哪些?

《关于促进退役军人投身乡村振兴的指导意见》(退役军人部发〔2021〕48号)规定:

(1)鼓励退役军人到乡村重点产业创业就业。引导有资金、有技术、懂市场、能创新的退役军人,在农业内外、生产两端和城乡两头创业,发展特色种植业、规模养殖业、加工流通业、乡村服务业、乡村旅游和休闲农业等特色产业。重点支持返乡退役军人创办农产品储藏保鲜、分等分级、清洗包装等农产品初加工主体,发展蔬菜、水果、食用菌、茶叶等产业,利用新技术改造提升传统食品加工。引导农业产业化龙头企业、民营企业积极招用退役军人。支持退役军人从事乡村保洁员、水管员、护路员、生态护林员等工作,进一步增加就业收入。

(2)支持退役军人领办新型农业经营主体。鼓励退役军人创办领办家庭农场、农民合作社、农业社会化服务组织等新型农业经营主体和服务主体,并积极吸纳农村退役军人就业。支持退役军人中的乡村工匠、文化能人、手工艺人发挥自身特长,创办家庭工场、手工作坊、乡村车间等,开发剪纸、蜡染、刺绣、石雕、砖雕等乡土产业,领办兴办智慧农业、视频农业、直播直销等数字农业经营主体,创新产品营销模式,扩大销售市场,带动农民增收。

(3)持续引导退役军人参与乡村建设和基层治理。注重从退役军人党员中培养选拔村党组织书记,推动村党组织带头人队伍整体优化提升。落实艰苦边远地区乡镇公务员考录政策,适当降低门槛、放宽开考比例,鼓励县乡两级拿出一定数量的职位面向具有本地户籍或在本地长期生活工作的退役军人招考。鼓励复学的退役大学生士兵参加"一村一名大学生""三支一扶"等计划,反哺农业农村。引导退役军人从事乡村教师、农业经理人、乡镇人民调解员等职业,在同等条件下优先聘用,充实乡村建设人才队伍。鼓励各地通过适当方式引导退役军人参与农村环境整治提升、乡村公共基础设施建设及基本公共服务活动。

77. 退役军人参与乡村振兴有哪些培训渠道?

《关于促进退役军人投身乡村振兴的指导意见》明确 3 种方式:

(1)参加学历教育。鼓励退役军人报考农业类高职院校,按规定享受优待政策。支持返乡入乡退役军人依托弹性学制、农学交替、送教下乡等教学培养方式,就地就近接受职业高等教育。

(2)加强涉农类职业技能培训。支持返乡入乡退役军人参加农业类相关职业技能培训。鼓励职业院校围绕本地农产特色,瞄准本地新农村建设要求,推出一批实用性强、见效快的中短期培训项目,符合条件的按规定纳入职业培训补贴范围,不断提高返乡入乡退役军人农技致富能力。

(3)做好农业创业培训。依托高素质农民培育计划,支持符合条件的退役军人参与新型农业经营和服务主体能力提升、种养能手技能培训、农村创业创新带头人培育、乡村治理及社会事业发展带头人培育等行动,提升退役军人创业就业能力。按规定将符合条件的退役军人纳入农村实用人才带头人示范培训、地方农业执法骨干培训、农村创业创新培训、农机合作社运营管理等培训范围,针对性提升退役军人参与乡村振兴能力。有序推动农村创业创新导师队伍建设,加快培训平台共建共享,探索"平台+导师+创客"服务模式。

78. 对退役军人参与乡村振兴有哪些政策支持?

《关于促进退役军人投身乡村振兴的指导意见》(退役军人部发〔2021〕48 号)中主要明确了 4 个方面的政策:

(1)财税优惠政策。对符合条件的返乡创业退役军人,按规定纳入创业扶持政策范围。对符合条件的返乡入乡创业企业提供创业担保贷款贴息支持。充分发挥农产品产地冷藏保鲜设施建设、农业产业融合发展等项目的示范引领作用,引导、鼓励退役军人参与。返乡入乡退役军人从事个体经营或在乡企业招用退役军人,可按规定享受税收优惠政策。退役军人在乡村创办中小微企业,吸纳就业困难人员并为其缴纳社会保险费的,按规定给予企业社会保险补贴。

(2)金融政策支持。鼓励和支持金融机构创新金融产品和服务方式,引导银行机构提供专属信贷产品,推广"互联网+返乡创业+信贷"等模式,满足退役军人返乡创业融资需求。发挥政府性融资担保机构作用,为符合条件的返乡入乡退役军人提供融资担保,鼓励保险机构为退役军人农业创业企业提供综合保险服务,支持退役军人创办的乡村企业。引导各类产业发展基金、创业投资基金投入返乡入乡退役军人创办的项目,鼓励社会资本设立退役军人返乡入乡创业基金,拓宽资金保障渠道。

(3)用地政策支持。严格落实相关法律法规,在农村土地承包经营权、宅基地使用权、房屋财产权、集体收益分配权保障过程中,对回到农村、符合条件的退役军人,加强信息对接,维护合法权益。鼓励各地制定细则,在新编县乡级国土空间规划、省级制定土地利用年度计划中做好各类用地安排,支持退役军人等返乡入乡创业就业人员发展农村产业融合发展项目用地需求。农村整治用地指标,优先用于符合条件的返乡入乡退役军人。允许在符合国土空间规划和用途管制要求、不占用永久基本农田和生态保护红线的前提下探索创新用地方式,支持退役军人创办乡村休闲旅游等新产业新业态。

(4)加大保障政策支持。符合住房保障条件的退役军人家庭纳入城镇住房保障范围。推动地方政府建立社保关系转移接续机制,将返乡创业退役军人的权益纳入法治保障。

(五)退役士兵社会保险政策方面

79. 退役士兵办理保险关系转移接续手续找哪个部门?

《退役士兵安置条例》第45条规定,军队的军人保险管理部门与地方的社会保险经办机构,应当按照国家有关规定为退役士兵办理保险关系转移接续手续。自主就业的退役士兵,凭退役士兵安置部门出具的介绍信,由社会保险经办机构按照国家有关规定办理保险关系接续手续。对安排工作的退役士兵,由接收单位按照国家有关规定办理保险关系接续手续。

80. 士兵退出现役时是不是都可以领取养老保险补助?

不是。采取退休、供养方式安置的退役士兵,均不给予退役养老保险补助。

81. 退役士兵参加养老保险有哪几个方式?

主要方式有3种:一是以企业职工的身份参加职工基本养老保险;二是以灵活方式就业人员的身份参加职工基本养老保险;三是以农村或者城镇居民的身份参加新型农村或者城镇居民社会养老保险。

82. 退役士兵的基本养老保险补助如何计算？

人力资源社会保障部、财政部、总参谋部、总政治部、总后勤部《关于军人退役养老保险关系转移接续有关问题的通知》(后财〔2012〕547号)规定,退役士兵的养老保险补助由军人所在单位后勤(联勤、保障)机关财务部门在士兵退出现役时一次结清。计算办法为:士官按本人服现役期间各年度月工资20%的总和计算;义务兵按本人退出现役时当年下士月工资起点标准的20%乘服现役月数计算。其中,12%作为单位缴费,8%作为个人缴费。

83. 士兵退出现役参加职工基本养老保险的,其士兵退役养老保险关系和相应资金转移吗？

是的。由军队后勤(联勤)机关财务部门将士兵退役养老保险关系和相应资金转入地方社会保险经办机构,地方社会保险经办机构办理相应的转移接续手续。

84. 士兵入伍前已经参加职工基本养老保险的,其养老保险关系如何转移接续？

士兵入伍前已经参加职工基本养老保险的,其养老保险关系和相应资金不转移到军队,由原参保地社会保险经办机构开具参保缴费凭证交给本人,并保存其全部参保缴费记录,个人账户储存额继续按规定计息。士兵退出现役后继续参加职工基本养老保险的,由本人持原参保地社会保险经办机构开具的参保缴费凭证,按照国家规定办理基本养老保险关系转移接续手续。军人退出现役到机关事业单位的,其养老保险办法按照国家有关规定执行,退出现役时不给予退役养老保险补助,待机关事业单位养老保险制度改革后,按照相关规定办理。士兵退出现役后作退休、供养方式安置的,经本人申请,由原参保地社会保险经办机构依据军人所在团级以上单位出具的《军人退休(供养)证明》和参保缴费凭证等相关手续,退还个人账户储存额,中止基本养老保险关系。

85. 退役士兵在城镇从事个体经营或者以灵活方式就业的,可以参加职工基本养老保险吗？

可以。退役士兵到城镇企业就业或者在城镇从事个体经营、以灵活方式就业的,按照国家有关规定参加职工基本养老保险,服现役年限视同职工基本养老保险缴费年限,并与实际缴费年限合并计算。

86. 军龄能否视为基本医疗保险参保缴费年限？

退役士兵的服现役年限应视同参保缴费年限。

87. 士兵退出现役时,其医疗保险关系如何转移？

士兵退出现役时,接收安置地区已经实行城镇基本医疗保险制度的,由所在单位后勤财务部门填写《军人退役医疗保险个人账户转移凭证》或《义务兵退役医疗保险金转移凭证》交给本人,并及时将本人退役医疗保险个人账户资金从银行汇至接收安置地区的社会保险经办机构。士兵退出现役后,应当将本人所持的《军人退役医疗保险个人账户转移凭证》或《义务兵退役医疗保险金转移凭证》交给接收单位,由接收单位为其办理城镇职工基本医疗保险个人账户落户手续;接收安置地区的社会保险经办机构应当在收到接收单位或者退役军人个人提供的转移凭证后20天内,按照城镇职工基本医疗保险管理的有关规定,为退役军人建立(或续接)城镇职工基本医疗保险个人账户。

士兵退出现役时,按照国家规定不参加城镇职工基本医疗保险的,由所在单位后勤财务部门填写《军官、文职干部和士官退役医疗保险金给付表》,将个人账户资金发给个人;义务兵入伍前参加城镇职工基本医疗保险的,入伍时由当地社会保险经办机构将个人账户封存。退役回到原入伍地就业后,由当地社会保险经办机构启封个人账户。易地安置的,由接收地区的社会保险经办机构通知原入伍地的社会保险经办机构办理个人账户转移手续。

退役士兵参加城镇居民基本医疗保险或者新型农村合作医疗的,如地方没有建立个人医疗保险账户,其军人退役医疗保险金在士兵退役时由部队发给本人。士兵退役回到地方后参加城镇居民基本医疗保险或者新型农村合作医疗的,按照当地医疗保险经办机构规定办理。

88. 退役士兵以企业职工的身份参加职工基本医疗保险,保费如何缴纳?

国家规定,职工应当参加职工基本医疗保险,由用人单位和职工按照国家规定共同缴纳基本医疗保险费。退役士兵不论是自主就业还是安排工作,只要与用人单位建立劳动关系,所在单位都应当为其办理职工基本医疗保险,并且按照企业普通职工参加职工基本医疗保险一样进行缴纳。

89. 退役士兵怎样参加失业保险?

根据《人力资源社会保障部、财政部、总参谋部、总政治部、总后勤部关于退役军人失业保险有关问题的通知》(人社部发〔2013〕53号)规定:退役士兵参保缴费满一年后失业的,按规定享受失业保险待遇;退役士兵离开部队时,由所在团级以上单位后勤(联勤、保障)机关财务部门,根据其实际服役时间开具《军人服现役年限视同失业保险缴费年限证明》并交给本人;退役士兵在城镇企业事业等用人单位就业的,由所在单位或者本人持《军人服现役年限视同失业保险缴费年限证明》及士官(义务兵)退出现役证,到当地失业保险经办机构办理失业保险参保缴费手续;失业保险经办机构将视同缴费年限记入失业保险个人缴费记录,与入伍前和退出现役后参加失业保险的缴费年限合并计算;士兵入伍前已参加失业保险的,其失业保险关系不转移到军队,由原参保地失业保险经办机构保存其全部缴费记录;士兵退出现役后继续参加失业保险的,按规定办理失业保险关系转移接续手续。

90. 退役士兵参加工作后的工伤保险有什么规定?

士兵退役后,应按国家和当地的相关规定参加工伤保险,并享受工伤保障待遇。退役士兵与用人单位确定劳动关系,用人单位应按照《工伤保险条例》规定参加工伤保险,为其缴纳工伤保险费,退役士兵个人不缴费。因工作遭受事故伤害或者患职业病的退役士兵认定为工伤的,依法享受工伤保险待遇。对于退役后的伤残军人旧伤复发的应认定为工伤,并按规定享受除一次性伤残补助金以外的工伤保障待遇。

(六)国家优待、抚恤、救助援助等政策方面

91. 义务兵家庭优待金发放标准是如何确定的?

家庭优待金标准由各省(区、市)参考本省(区、市)城乡居民年人均消费支出水平等因素合理确定,实行城乡统一。各省(区、市)家庭优待金标准,不得低于中央财政定额补助标准,不应高于本省(区、市)上年度城镇居民人均消费支出水平。目前高于上年度城镇居民人均消费支出水平的省(区、市),可维持现有水平,暂不调整。

对入伍大学生义务兵、服役部队驻地在艰苦边远地区(西藏、新疆等)的义务兵家庭可以适当增发家庭优待金。

92. 家庭优待金由谁领取?

义务兵本人在入伍前应指定家庭优待金领取人。领取人一般为义务兵家庭主要成员。义务兵和领取人须在《义务兵家庭优待金领取人银行卡信息采集表》上共同签字确认。特殊情况下,义务兵本人领取家庭优待金的,应经义务兵本人申请、县级兵役机关核实同意。

93. 家庭优待金发放时间如何计算?

家庭优待金发放时间从批准入伍时间开始计算,每服满 6 个月义务兵役发放一次,不满 6 个月按 6 个月发放,原则上不超过两年。

因身体条件不合格淘汰退出、提前退役等未服满 2 年义务兵役的义务兵家庭优待金,战时义务兵的家庭优待金,根据实际服役时间发放。义务兵在服役期间提干、考入军校、提前选改为军士后,不再享受家庭优待金。

故意隐瞒病史或采取非法手段取得入伍资格被注销入伍手续的,以及因违法违纪或拒服兵役等原因被军队除名或开除军籍的义务兵不予发放。

对推后离队的义务兵,推后离队期间的家庭优待金按实际推后月数相应计算发放。

94. 我国优抚对象有哪些?

根据《军人抚恤优待条例》的规定,优抚对象是指:中国人民解放军现役军人、服现役或者退出现役的残疾军人以及复员军人、退伍军人、烈士遗属、因公牺牲军人遗属、病故军人遗属、现役军人家属。

95. 近年来优抚对象的保障范围有何变化?

2004年以来,我国先后将7种对象纳入国家定期抚恤补助范围,分别是:2004年将初级士官纳入评病残范围,并取消了患精神病义务兵和初级士官不能评残的限制;2006年,带病回乡退伍军人纳入国家定期生活补助范围;2007年,部分参战退役人员、参加核试验军队退役人员;2011年,60周岁以上农村籍退役士兵,部分老年烈士子女、铀矿开采退役人员。

96. 在烈属抚恤优待方面,国家有什么样的政策?

国家建立烈士褒扬金制度,标准为烈士牺牲时上一年度全国城镇居民人均可支配收入的30倍;大幅提高烈士一次性抚恤金标准,一次性抚恤金标准由原来烈士本人80个月工资提高到上一年度全国城镇居民人均可支配收入的20倍加本人40个月的工资,仅此两项就约200万元。同时,不断加大医疗、住房、子女入学入伍及退役就业等方面的优待力度,使烈属的生活水平得到较好保障。

97. 国家在重大节日是否会为优抚对象发放额外福利?

国家会结合重大纪念活动,为相关优抚对象发放一次慰问金。如:国庆60周年期间,国家投入1.99亿元,为部分建国前参加革命的伤残军人和老年优抚对象集中更换了新型假肢、助听器等辅助器具;纪念中国人民抗日战争胜利70周年,国家为抗战老战士按照每人5000元标准发放一次性生活补助金;纪念红军长征胜利80周年,为每位红军老战士颁发了纪念章,国家按照每人1万元标准为红军老战士发放了一次性生活补助金。

98. 在烈士精神弘扬方面,国家出台了什么政策法规?

自2018年5月1日起,英雄烈士保护法施行,保护英雄烈士的法律体系日益完善。此外,我国先后制定出台了《烈士褒扬条例》《军人抚恤优待条例》《关于进一步加强烈士纪念工作的意见》以及《烈士安葬办法》《烈士纪念设施保护管理办法》《烈士公祭办法》

等一系列法规政策,形成了较为完善的烈士褒扬制度体系,为做好烈士及烈属工作提供了可靠法治保障,逐步推动形成崇尚英雄、缅怀英烈、关爱烈属的良好社会风尚。

99. 退役军人申请国家司法救助的对象范围是怎样规定的?

2021年1月,国家六部门联合印发《关于加强退役军人司法救助工作的意见》,对退役军人申请司法救助相关工作进行了明确:

(1)救助对象。司法救助的对象主要是指受到侵害但无法获得有效赔偿的困难退役军人。

(2)救助情形。退役军人符合下列情形之一的,可依法申请国家司法救助:①刑事案件被害人受到犯罪侵害致重伤或者严重残疾,案件尚未侦破,生活困难的;或者因加害人死亡或没有赔偿能力,无法通过诉讼获得赔偿,造成生活困难的;②刑事案件被害人受到犯罪侵害危及生命,急需救治,无力承担医疗救治费用的;③刑事案件被害人受到犯罪侵害致死,依靠其收入为主要生活来源的近亲属或者其赡养、扶养、抚养的其他人,因加害人死亡或者没有赔偿能力,无法通过诉讼获得赔偿,造成生活困难的;④刑事案件被害人受到犯罪侵害,致使财产遭受重大损失,因加害人死亡或者没有赔偿能力,无法通过诉讼获得赔偿,造成生活困难的;⑤举报人、证人、鉴定人因举报、作证、鉴定而受到打击报复,致使人身受到伤害或者财产受到重大损失,无法通过诉讼获得赔偿,造成生活困难的;⑥追索赡养费、扶养费、抚育费等,因被执行人没有履行能力,造成申请执行人生活困难的;⑦对于因道路交通事故等民事侵权行为以及行政机关及其工作人员的违法侵权行为造成人身伤害,无法通过诉讼、仲裁、保险理赔等方式获得赔偿,造成生活困难的;⑧根据实际情况,认为需要救助的其他退役军人。

对于退役军人具有以下情形之一的,一般不予司法救助:①对案件发生有重大过错的;②无正当理由,拒绝配合查明案件事实的;③故意作虚伪陈述或者伪造证据,妨害诉讼的;④在诉讼中主动放弃民事赔偿请求或者拒绝加害责任人及其近亲属赔偿的;⑤生活困难非案件原因所导致的;⑥已经通过社会救助措施,得到合理补偿、救助的;⑦法人、其他组织提出的救助申请。

100. 对困难退役军人帮扶援助政策是怎样规定的?

2019年10月,国家五部门联合印发《关于加强困难退役军人帮扶援助工作的意见》(退役军人部发〔2019〕62号),对困难退役军人帮扶援助的对象范围、标准条件、审批程序等作出具体规定:

(1)对象范围。依法退出现役的军官和士兵、领取定期抚恤补助的"三属"(烈士遗属、因公牺牲军人遗属、病故军人遗属)。有条件的地区可将现役军人父母、配偶、未成年子女纳入帮扶援助范围。

(2)帮扶情形。①退役军人因服役期间致残或因患有严重疾病等原因导致退役后本人就业困难,医疗和康复等必需支出突然增加造成的;②退役军人因服役时间长、市场就业能力弱等原因导致长期失业或突然下岗造成的;③退役军人因旧伤复发、残情病情加重等原因造成的;④退役军人、"三属"等因火灾水灾、交通事故、重大疾病、人身伤害、见义勇为等突发事件造成的;⑤遭遇其他特殊情况造成的。

(3)帮扶方式。主要采取提供资金、实物和社会化服务等方式,给予多元化、个性化帮扶援助。

(4)援助标准。根据帮扶援助对象的困难情形和程度、当地经济社会发展和救助保障水平等因素,合理确定困难退役军人帮扶援助标准,并适时调整。

(5)办理程序。帮扶援助工作实行一事一批,按照个人申请、乡镇(街道)审核、县级审批的程序办理。遇有紧急情况,则先行帮扶援助再按规定补齐审核审批手续。

二、转业干部安置流程及注意事项

以北京地区军转安置工作为例,基本流程和时间节点如下(各地情况互不相同,以每年当地政府通知为准):

(一)团职以下(含)计划分配转业干部安置工作流程及时间节点

1. 接收移交档案(4—5月)

采取军地联审、分批接收、逐份审查的办法,对军队转业干部档案进行审核把关,向北京市退役军人事务局移交档案。

转业干部个人:干部被确定转业复员后,应主动了解掌握军转安置工作相关政策,特别是移交方式的区别、安置去向的要求和地方安置形势等;按要求上报移交方式、安置去向、家属随调随迁等情况;移交方式一经确定不能更改;出具各种与移交安置相关的证明材料。

2. 适应性培训(6月)

分期分批组织转业干部进行集中培训,主要是介绍中央国家机关和北京市安置形势、安置政策和安置办法。

转业干部个人:可通过浏览地方人事部门网站或咨询军转安置部门等方式,密切关注地方军转安置工作进展情况;按时参加军转安置部门组织的适应性培训,积极了解安置政策,提高地方工作适岗能力。

3. 网上注册(7月)

组织转业干部在退役军人网(www.jzchina.org.cn)进行注册,填报个人信息。

转业干部个人:团职以下(含)转业干部登录中国退役军人网(www.jzchina.org.cn)实名制注册个人信息。

4. 中央单位和北京市市级单位接收安置(7—11月)

中央国家机关、中央企业事业单位和北京市市级单位及北京市企业接收安置团以下军转干部,实行"专业岗位直通、综合岗位统考、企业岗位双选"相结合的安置办法。按照先直通、后统考,企业双选安置与机关事业单位直通安置同步展开的方式,大体分两个阶段实施。

(1)专业岗位直通安置(7、8月)。按照公开直通岗位、网上报名选岗、组织专业测试、确定接收人选的程序组织实施。

① 公开直通岗位、网上报名选岗(7月底、8月初)。在中国退役军人网(www.jzchina.org.cn)公开直通岗位信息,组织转业干部报名选岗。

转业干部个人:登录退役军人网(www.jzchina.org.cn),下载查询相关直通岗位信息,结合个人实际自愿报名选岗。

② 组织专业测试、确定接收人选(8月)。接收单位按照各自的工作程序展开专业能力测试以及考察体检等环节工作,确定接收安置人选并与转业干部签订接收登记卡。

转业干部个人:保持通信畅通,持续关注中国退役军人网上发布的面试、专业能力测试信息,及时参加相关测试、体检,签订接收登记卡(每名转业干部只签订一张接收登记卡,一旦签卡就不能更改),按通知办理离队报到和落户手续。

(2)综合岗位统考安置(8—11月)。按照组织统一笔试、公布统考岗位、公开报名选岗、接收单位面试、综合考察确定的程序实施。

① 组织统一笔试(8月下旬)。

转业干部个人:除直通阶段已落实岗位的转业干部外,所有注册的转业干部均可参加统一笔试。转业干部要高度关注地方军转安置部门发布的考试信息,提前从网上打印准考证,按时参加考试。约一周后,查阅个人考试成绩。

② 公布岗位、网上报岗(8月底、9月初)。在中国退役军人网(www.jzchina.org.cn)上公示统考岗位相关信息,组织转业干部报岗。

转业干部个人:部队转业干部登录中国退役军人网(www.jzchina.org.cn),进行报名选岗。

③ 接收单位面试、综合考察确定(9—11月)。接收单位依据所报岗位转业干部统一笔试成绩,按照一定比例确定面试对象,网上发布公告,组织面试或综合能力测试以及考察体检等环节工作,查阅转业干部档案,确定接收安置人选并签订接收登记卡。

转业干部个人:高度关注中国退役军人网上公布的面试公告,做好面试准备,及时参加面试、综合能力测试以及体检,保持联络畅通,签订接收登记卡(每名转业干部只签订一张接收登记卡,一旦签卡就不能更改),按通知办理离队报到和落户手续。

(3)企业岗位双选安置(7—11月)。中央和北京市市属企业除参加统一笔试的外,均采取网上双向选择的办法接收转业干部。网上双选工作与直通安置、统考安置工作同步实施。

8月初,在中国退役军人网(www.jzchina.org.cn)上同步公布直通岗位和企业双选岗位。接收单位依据安置计划和转业干部报名情况,按既定程序确定接收人选并签订接收登记卡。

转业干部个人:在直通岗位报名后,转业干部即可登录系统查阅企业接收安置岗位信息,按照个人意愿向企业报名并提交个人基本信息,按要求参加企业组织的面试、综合能力测试以及体检,签订接收登记卡,按报到通知要求办理离队报到和落户手续。

(4)北京市市级单位指令性安置阶段(11月)。

将北京市市级单位未完成接收任务仍然空缺的岗位通报给尚未达成安置意向的转业干部,组织他们进行指令性安置报岗。

转业干部个人:保持联络畅通,按时上报选岗情况,按照用人单位要求参加面试和能力测试。

5. 北京市区级单位接收安置(11—12月)

组织召开转业干部见面会,介绍情况、了解需求;组织转业干部进行综合能力测试和双选会,确定安置岗位。

转业干部个人:及时提供立功受奖、边远艰苦地区工作等相关证明;配合和参加地方军转安置部门组织的见面会、考试、双选会等安置活动;按规定时限报到。

师职干部于11月底前进行双向选择安置,12月启动积分选岗安置程序。

提示:转业干部办理落户手续前,应先通过"军队转业干部安置信息服务系统"中"电子预落户系统"填报落户信息。

(二)报到流程

按照以往工作实践,报到流程有以下几个方面(以实际安排为准):

1. 中央单位报到及落户流程

步骤一:办理报到手续。

转业干部接到《报到通知》后,到师、旅级以上机关开具行政、组织、工资、保险等相关介绍信,在规定时间内到接收单位人事(干部)部门报到,并领取《报到证明》和《自然情况证明》,本人留存用于办理落户手续。

步骤二:网上填报电子预落户信息。

到接收单位报到后,及时登录退役军人事务部网站(www.jzchina.org.cn),进入"军队转业干部安置信息服务系统",在"电子预落户系统"录入电子预落户信息(用户名、密码与转业干部报名时所用一致),准确填写预落户信息后,提交驻京移交组审核。转业干部因故未能在网上填报电子预落户信息,应及时与驻京移交组联系,由驻京移交组采取单机汇总的方式补报。

步骤三:领取落户通知。

(1)转业干部到接收单位报到并办结关系转接后,接收单位为转业干部开具《报到证明》,并加盖单位人事(干部)部门公章。

(2)退役军人事务部门审核各接收单位开具的《报到证明》后,将《落户通知》发送各接收单位人事(干部)部门。

(3)转业干部到本单位人事(干部)部门领取《落户通知》。

步骤四:北京市公安局人口管理和基层工作总队办理落户手续。

办理落户手续前,携带《军官转业证》原件、本人一寸免冠近照2张,到拟落户或接收单位所在区人武部办理预备役登记。

到北京市人口管理总队户政大厅办理落户手续时,转业干部需携带以下材料:①退役军人事务部移交安置司开具的《落户通知》原件;②入伍地公安机关开具的户口注销证明原件;③《军人公民身份号码登记表》原件;④《军官转业证》或《警官转业证》原件;⑤接收单位人事(干部)部门开具的《报到证明》《自然情况证明》原件;⑥进京落户其他证明情况:a.凡转业干部的配偶、子女、父母户口为在京家庭户的,必须落户在直系亲属的户口内,提供户口本、房产证及直系亲属关系证明(如结婚证、出生医学证明、独生子女证等)原件。b. 凡本人或配偶、父母、子女在京有房产无户口的,须落户在房产上,提供房产证原件,同时出具本人与房主的关系证明(可以是户口本、结婚证、出生医学证明、独生子女证等)原件。注意:其他非直系亲属的房产均不可落户。凡落户部队营房或军产房的,须提前与落户派出所确认可以落户,再由营房部门或军产房管理部门出具同意落户介绍信。

c. 转业干部本人及直系亲属在京无户口也无房产,要落户在单位集体户的,须提前与落户派出所联系并确认可以落户,再由集体户所属管理部门出具同意落户介绍信(内容包括:是否已征求集体户所属派出所同意,单位是否同意接收,落户人员姓名,身份证号码,落户地址和所属派出所名称)原件及加盖公章的集体户口卡首页。务必提前与要落户的派出所联系确认是否可以落户。

步骤五:派出所办理入户手续。

转业干部本人携带北京市公安局人口管理和基层工作总队开具的《入户通知单》及市公安局人口管理和基层工作总队要求的其他材料到预落户派出所办理入户手续。

2. 北京市市级单位报到流程

步骤一:报送电子预落户信息。

登录中国退役军人网(www.jzchina.org.cn),进入"军队转业干部安置信息服务系统",在"电子预落户系统"录入电子预落户信息。

步骤二:接收单位开具接收证明信。

原部队师、旅级以上机关开出行政、组织、供给关系等介绍信和转业证。转业干部到市级接收单位干部(人事)处报到,由接收单位干部(人事)处向市退役军人事务局开具接收证明信。

步骤三:市退役军人事务局开具报到信和入户介绍信。

转业干部本人持接收单位干部(人事)处开出的接收证明信、部队手续及转业证,到市退役军人事务局开具报到信和入户介绍信。

步骤四:接收单位接转关系并开具户口登记证明。

转业干部本人将市退役军人事务局开出的报到信和部队手续,交接收单位干部(人事)处接转,并由接收单位干部(人事)处向转业干部预落户公安机关开具填写户口卡内容的户口登记证明。

步骤五:预备役登记。

转业干部本人持转业证、一张一寸免冠照片到接收单位所在区武装部办理预备役登记手续。

步骤六:公安分局办理入户通知单。

转业干部本人持市退役军人事务局开具的入户介绍信、接收单位干部(人事)处开出的填写户口卡内容的户口登记证明、已盖预备役登记章的转业证、军人公民身份号码登记表、配偶(或本人直系亲属)居民户口簿和身份证、结婚证、预落户地址的房屋产权证或部队营房部门开具的住房证明,到区公安分局户籍接待室办理入户通知单。

步骤七:派出所入户。

转业干部本人携带户口登记证明和入户通知单、转业证、军人身份号码登记表、配偶(或本人直系亲属)居民户口簿、结婚证、5张一寸身份证照片到派出所办理入户手续。

步骤八:组织关系接转。

转业干部的党、团组织关系开到市级接收单位党委、团委转换。

3. 需办理配偶及子女随迁的转业干部办理落户手续流程

步骤一:已列入当年军队转业干部随调随迁配偶子女安置计划的,填写《军队转业干部随调(随迁)家属情况登记表》(1式4份),经部队承办单位、北京市军转办审核后,报退役军人事务部门审批并盖章。

步骤二:报送电子预落户信息。

转业干部到接收单位报到后,登录退役军人事务部网站(www.mva.org.cn),进入"军队转业干部安置信息服务系统",在"电子预落户系统"录入电子预落户信息(用户名、密码与转业干部报名时所用一致)。随调(随迁)家属的电子预落户信息暂不通过本平台报送,由驻京移交组采取单机汇总的方式报退役军人事务部门收集汇总后,传送至北京市公安局人口管理和基层工作总队;北京市单位接收的转业干部随调随迁家属的电子预落户信息,由市退役军人事务局移交安置处收集汇总后传送市公安局人口管理处,市公安局人口管理处将信息传至相应分局。

步骤三:办理本人及随调(随迁)家属落户手续。

中央单位接收的转业干部本人持退役军人事务部移交安置司开具的《报到通知》《落户通知》原件,入伍地公安机关开具的户口注销证明原件,《军人公民身份号码登记表》原件,《军官转业证》原件,《军队转业干部随调(随迁)家属情况登记表》及户口本、身份证、结婚证、出生医学证明,再婚夫妻提供离婚证、离婚协议等手续,到北京市公安局人口管理和基层工作总队办理本人及随调(随迁)家属的落户手续。

北京市单位接收的转业干部持市退役军人事务局开具的入户介绍信、《军队转业干部随调（随迁）家属情况登记表》、接收单位干部（人事）处开出的填写户口卡内容的户口登记证明、已盖预备役登记章的转业证、军人公民身份号码登记表、配偶（或本人直系亲属）居民户口簿和身份证、结婚证、预落户地址的房屋产权证或部队营房部门开具的住房证明等手续，到区公安分局户籍接待室办理入户通知单。

注意：①预落个人家庭户及个人房产的，需提供户口簿、结婚证、独生子女证件、房产证（红皮）等（原件）以及父母子女亲属关系证明、配偶与其父母亲属关系证明。②预落接收单位集体户口的，需由接收单位出具同意落户介绍信。③预落部队营房集体户口的，需由部队营房部门出具同意落户介绍信。

步骤四：派出所办理入户手续。

转业干部本人携带北京市公安局人口管理和基层工作总队开具的入户通知单（北京市接收的转业干部由市公安局相关分局开具），以及其他所需材料到预落户派出所办理本人及随调（随迁）家属的入户手续）。

提示：

① 各区报到落户流程及需要的材料略有不同，具体细节应以北京市退役军人事务局或各区退役军人事务局通知为准。

② 转业报到必须由本人亲自办理，不得由他人代办。

三、逐月领取退役金退役干部离队手续办理流程

根据《中华人民共和国退役军人保障法》《退役军人逐月领取退役金安置办法》等有关政策规定，逐月领取退役金的退役干部离队时，按以下程序和要求办理相关手续及关系（逐月领取退役金士官离队办理手续参照此流程）：

（一）介绍信资料

主要包括：退役干部行政介绍信、组织介绍信、人员供给介绍信。

（二）落户相关资料

（1）退役干部配偶系地方人员的，提供结婚证、户口簿、双方身份证（或身份证办理证明）、转业军官证。

（2）双军人单退的，提供结婚证、留队一方任现职的最后任职命令、部队驻地在安置地一方的部队集体户首页和同意落户证明信、转业军官证、身份证（或身份证办理证明）；双退的，提供结婚证、部队驻地在安置地一方的批准退役前任职命令和部队集体户首页和同意落户证明信、转业军官证、身份证（或身份证办理证明）。

（3）符合落户到父母户籍的，提供父母户口簿、父（母）子（女）关系证明、干部本人身份证（或身份证办理证明）、转业军官证；落户到配偶父母户籍的，提供配偶父母户口簿、结婚证、配偶身份证、干部本人身份证（或身份证办理证明）、转业军官证；落户到子女户籍的，提供子女户口簿、子女医学出生证明、干部本人身份证（或身份证办理证明）、转业军官证。

（4）离异或未婚并符合落户到部队集体户的，需提供离婚证或部队师（旅）级以上政治机关出具的未婚证明、所在部队集体户首页和同意落户证明信、干部本人身份证（或身份证办理证明）、转业军官证。

（5）落户到除部队外其他集体户的，需提供单位集体户首页和同意落户证明信、干部本人身份证（或身份证办理证明）、转业军官证。如果落户配偶集体户的，还需提供结婚证、配偶的身份证。

（6）符合落户到个人住房的，依个人住房性质，出具房产证或部队师（旅）级以上政治机关的住房证明、干部本人身份证（或身份证办理证明）、转业军官证。

（7）退役干部申请享受独生子女奖励费待遇（子女18周岁以下）的，需提供独生子女证明。

（8）以上材料都须提供原件及复印件（复印件标注联系人及联系电话），多页同类证明材料复印件可以复印在一页A4纸上。

（9）近期便装免冠证件照（照片数量及要求根据安置地有关部门需要提供）。

（三）办理流程

逐月领取退役金的退役干部离队时，主要办理"退役金审核调整、落户、预备役登记、组织关系转移、社会保险关系接续保障、住房补贴申领"等手续，领取退役军人优待卡。具体办理程序如下：

1. 退役金核定

（1）根据有关文件要求，结合退役干部当年在部队时的军人工资、服役年限、立功受奖、艰苦边远地区服役等情况，填报《逐月领取退役金核定表》。退役军人所在单位负责填写情形或者年限,安置地退役军人工作主管部门负责填写计发比例和金额。

（2）《逐月领取退役金核定表》由退役军人所在单位政治工作部门审核确认后,由审核人和退役干部本人签字,经军队具有审批权限的政治工作部门审批后,报安置地人民政府退役军人工作主管部门核准并加盖印章。

（3）退役军人到指定银行办理银行卡,由安置地退役军人工作主管部门协调办理工资保障接续。

2. 预备役登记、户籍办理程序

（1）持预备役登记表到居住所在地的区、市、县人武部办理预备役登记手续。

（2）凭人武部预备役登记证明到退役军人服务中心开具办理入户证明。

（3）凭退役军人服务中心出具的入户手续、转业证、居住所在地证明材料到所在的区、市、县公安分局办理户籍手续。

（4）户籍手续办理完毕后,及时办理居民身份证。

3. 办理组织关系转移

（1）由部队开出组织介绍信,到市委组织部办理组织关系接转手续。

（2）凭市委组织部开具的介绍信,再到区、市、县组织部办理手续。

（3）凭区、市、县组织部开具的介绍信到街道(乡镇)党工委办理手续。按居住地的社区编入党支部或党小组。

（4）由乡镇街道退役军人办事机构进行日常管理。

4. 办理社会保险接转

持部队开具的养老、医疗等社会保障相关材料到当地社会保障部门经办机构办理社会保障关系转移接续手续,并办理个人社会保障卡。

5. 申领住房公积金和住房补贴

（1）退役干部向原部队申领住房补贴和住房公积金。

（2）根据本人意愿,也可将住房公积金转移接续到安置地接续保障。

6. 档案移交

（1）退役干部原所在部队,应当及时将退役干部的人事档案移交安置地人民政府退役军人工作主管部门管理。

（2）安置地人民政府退役军人工作主管部门应当按照国家人事档案管理有关规定,接收、保管并向有关单位移交退役军人人事档案。

四、退役士兵移交安置手续办理及注意事项

(一)退役士兵离队前和返乡后需办理的手续

1. 自主就业退役士兵

(1)在部队办理的离队手续。

① 到兵员主管部门办理退役证,开具退出现役行政介绍信;退役士兵是党员的,还应到组织部门开具组织关系介绍信。

② 到财务部门结算退役相关经费,办理一次性退役金专用卡,转移退役养老和医疗保险。

③ 配合组织整理完善档案材料,符合带病回乡条件的,复印病历装入档案并携带单位介绍信。

④ 上缴军人证件、军人保障卡和个人被装。

⑤ 不准携带涉密材料及违禁物品离队,核心涉密人员要签订退役保密协议书。

(2)返乡后办理的报到手续。

退役30日内,到入伍所在地退役部门报到。

① 持退役证、行政介绍信、居民身份证、一次性退役金专用卡,到军人事务部门开具接收落户介绍信,办理领取一次性经济补助,登记参加免费职业教育和技能培训。退役士兵是党员的,还应到组织部门接转关系。

② 到当地人民武装部办理预备役登记,年龄超过35周岁或经评残鉴定的退役士兵免服预备役。

③ 持退役证和安置部门介绍信,到公安机关办理落户手续。

④ 到社会保险经办机构办理养老和医疗保险关系接续手续。

⑤ 被评定残疾等级退役士兵,退役60日内向安置地的县级人民政府主管部门申请转接抚恤关系。

⑥ 到银行激活一次性退役金专用卡。

2. 由政府安排工作的退役士兵

(1)在部队办理的离队手续。

① 确定安置去向,易地安置还应提供相关证明材料。

② 配合组织整理完善档案材料,按照《符合政府安排工作条件退役士兵服役表现量化评分细则》规定的评分项目,准备相关证明材料。

③ 接到《安置通知书》后,按照自主就业退役士兵"在部队办理的离队手续"流程办理手续。

根据中央军委办公厅《关于做好 2017 年度新兵补充、士官选取和士兵退役工作的通知》,自 12 月 1 日起至下达退役命令前可以离队,批准手续和教育管理按照士兵休假、请假有关规定执行。批准退役时间为翌年 4 月 1 日,工资发放至 7 月 31 日。

(2)返乡后办理的报到手续。

接到《安置通知书》30 日内,持退役证和行政介绍信,到安置地退役军人事务部门报到,办理相关手续。逾期不报到的视为放弃安置待遇。

① 到当地人民武装部办理预备役登记,年龄超过 35 周岁或经评残鉴定的退役士兵免服预备役。

② 持退役证和安置部门介绍信,到公安机关办理落户手续。

③ 配合地方安置部门搞好服役表现量化评分,慎重选择工作岗位。

④ 到接收安置单位报到后,将养老和医疗保险手续交由接收安置单位办理转移接续手续。

⑤ 被评定残疾等级退役士兵,退役 60 日内向安置地的县级人民政府主管部门申请转接抚恤关系。

(二)退役士兵离队时需结算的经费

1. 自主就业退役士兵

(1)复员费。军龄不满 10 周年的,每满 1 年发 1.5 个月基本工资(军衔、军龄工资);军龄不满 15 周年的,每满 1 年发 2.5 个月基本工资;军龄不满 20 周年的,每满 1 年发 3 个月基本工资;军龄不满 1 周年的部分,按年标准的 1/2 计发。

(2)一次性退役金。按照每服役满 1 年 4500 元的标准逐年累加,其中获中央军委、战区(军区)级单位授予荣誉称号,或者荣获一等功的增发 15%,获二等功的增发 10%,获三等功的增发 5%。服现役年限按周年计算后,剩余月数不满 6 个月的按照半年计算,超过 6 个月不满 1 年的按照 1 年计算。

(3)安家补助费。复员到大中城市的:10 周年以内的,每年发给 0.5 个月基本工资;10 周年以上的,从第 11 年起,每年发给 1.5 个月基本工资。复员到县市以下地区的:10

周年以内的,每年发给1个月基本工资;10周年以上的,从第11年起,每年发给2个月基本工资。军龄不满1周年的按年标准计发。

(4)回乡生产补助费。复员回农村的士官(入伍时为农业户口),军龄每满1年发给1.5个月的基本工资;军龄为1至6个月的零月,减半计算。

(5)医药生活补助费。经军以上机关批准,一等,医药补助费3500元、生活补助费1500元;二等,医药补助费2800元、生活补助费1250元;三等,医药补助费2100元、生活补助费1000元;四等,医药补助费1400元、生活补助费750元;五等,医药补助费700元、生活补助费500元。

(6)奖励工资。符合享受奖励工资条件的人员,计发奖励工资,包括基本工资、基本津贴补贴和地区津贴。

(7)退役医疗保险、住房补贴、住房公积金,按个人账户累计全额发放。

(8)复员差旅费。按现行因公出差标准执行。

(9)工资、津贴发至离队当月。

2. 由政府安排工作的退役士兵

(1)生活补助费。按本人月基本工资计算,累计不得超过16个月。

(2)安家补助费。按本人月基本工资计算,军龄在10周年以内的,发4个月工资;从第11年起,每满1年增发0.5个月工资。

(3)退役医疗保险。每月从工资中扣除,退役时一次性发放。

(4)退役养老保险。转安置地社会保险经办机构。

(5)差旅费。按现行因公出差标准执行。

(三)放弃安排工作待遇、选择灵活就业申请程序和相关待遇

选择由政府安排工作的退役士兵回到地方后,又放弃安排工作待遇的,经本人申请确认后允许灵活就业,由安置地人民政府有关部门按照其在部队选择自主就业应领取的一次性退役金和地方一次性经济补助金之和的80%,发放一次性就业补助金。办理程序如下:

(1)本人书面申请。应当在确认选岗前向安置地退役军人事务部门提出书面申请,填写《安排工作退役士兵自愿放弃安排工作选择灵活就业申请表》,申请书和申请表必须由本人签名。

(2)部门审核办理。对符合条件的,安置地退役军人事务部门应当与本人签订协议

书,明确双方责任、权利和义务;并按规定发给一次性就业补助金。一次性就业补助金发放原则上与年度安排工作同步完成,因资金预算等原因确须延至下一年度发放的,应当向退役士兵说明情况,并于下一年度12月底前付清。灵活就业的退役士兵,可按规定享受扶持自主就业退役士兵就业创业的各项优惠政策。

(四)"视为放弃安置待遇"和"视为放弃安排工作待遇"的认定管理

《退役士兵安置条例》第十七条规定,退役士兵无正当理由不按规定时间报到超过30天的,视为放弃安置待遇。《退役士兵安置条例》第四十条和《关于进一步加强由政府安排工作退役士兵就业安置工作的意见》规定,由政府安排工作退役士兵无正当理由自开出安置介绍信15个工作日内拒不服从安置地人民政府安排工作的,视为放弃安排工作待遇。相关认定管理和要求如下:

(1)严守认定条件。安置地退役军人事务部门要本着对退役士兵负责的态度,依法依规严格认定,切实做好报到和安排工作手续办理的事前提醒和督促,严禁擅自扩大范围和更改条件。

(2)规范工作程序。安置地退役军人事务部门应当书面告知本人,并以适当形式在一定范围内向社会公开。年度安置工作结束后,应当逐级报至省级人民政府退役军人事务部门备案。

(3)权益申诉办理。退役士兵认为退役军人事务部门的认定工作侵犯其合法权益的,可以依法申请行政复议或提起行政诉讼。"视为放弃安置待遇"和"视为放弃安排工作待遇"的退役士兵,在补办报到等手续后,可享受扶持退役军人就业创业的优惠政策,其档案按照当地自主就业退役士兵档案管理规定办理。

(4)其他相关事项。原属自主就业的退役士兵,被认定"视为放弃安置待遇"的,不再享受地方一次性经济补助。原属安排工作的退役士兵,被认定"视为放弃安置待遇"或"视为放弃安排工作待遇"的,不再享受政府安排工作待遇,也不享受灵活就业一次性就业补助金、自主就业地方一次性经济补助。

(五)因特殊情形不能按时报到和办理安排工作手续的处理

退役士兵因突发重大疾病、发生事故等不能按时到地方报到或办理安排工作手续时的相关要求:

(1)未能按时报到。退役士兵在规定的报到期限内,报到前突发重大疾病或者发生事故的,由原部队根据实际情况按照有关规定予以处理。其中离队前由原部队、离队后由退役士兵本人或家属,在规定的报到期限内向安置地退役军人事务部门书面说明情况,申请延期。申请延期时间一般不超过 30 日(下同)。超过延期时间确实无法到地方报到的,由军地协商达成一致意见后,按实际情况妥善处理。

（2）不能办理手续。退役士兵按规定到安置地退役军人事务部门报到后,在规定的到接收单位办理上岗手续期限前,突发重大疾病或者发生事故的,由退役士兵本人或家属在规定的办理安排工作手续期限内向安置地退役军人事务部门、接收单位分别书面说明情况,申请延期。超过延期时间确实无法办理安排工作手续的,由安置地退役军人事务部门根据实际情况按照相关规定予以处理。

本章资料来源：

1. 2001 年 1 月,中共中央、国务院、中央军委,《军队转业干部安置暂行办法》；
2. 2010 年 7 月 21 日,国务院、中央军委,《中国人民解放军现役士兵服役条例》；
3. 2011 年 7 月 29 日,国务院、中央军委,《军人抚恤优待条例》；
4. 2011 年 10 月 25 日,财政部、教育部、民政部、总参谋部、总政治部,《关于实施退役士兵教育资助政策的意见》；
5. 2011 年 10 月 29 日,国务院、中央军委,《退役士兵安置条例》；
6. 2013 年 7 月 30 日,人力资源社会保障部、财政部、总参谋部、总政治部、总后勤部,《关于退役军人失业保险有关问题的通知》；
7. 2014 年 1 月 16 日,民政部、财政部、总参谋部,《关于加强和改进退役士兵教育培训工作的通知》；
8. 2018 年 7 月 27 日,退役军人事务部等 10 部门,《关于进一步加强由政府安排工作退役士兵就业安置工作的意见》；
9. 2018 年 7 月 27 日,国家 11 部门、军委政治工作部,《关于促进新时代退役军人就业创业工作的意见》；
10. 2019 年 2 月 2 日,财政部、税务总局、退役军人事务部,《关于进一步扶持自主就业退役士兵就业创业有关税收政策的通知》；
11. 2019 年 10 月,国家 5 部门,《关于加强困难退役军人帮扶援助工作的意见》；
12. 2019 年 12 月 23 日,退役军人事务部、中央军委政治工作部,《关于进一步规范退役士兵移交安置工作有关具体问题的通知》；
13. 2020 年 11 月 11 日,第十三届全国人大常委会第二十三次会议,《中华人民共和国退役军人保障法》；
14. 2021 年 1 月,中共中央政法委员会、最高人民法院、最高人民检察院、公安部、司法部、退役军人事务部,《关于加强退役军人司法救助工作的意见》；
15. 2021 年 8 月 16 日,退役军人事务部等 16 部门,《关于促进退役军人投身乡村振兴的指导意见》；
16. 2021 年 8 月 20 日,第十三届全国人民代表大会常务委员会第三十次会议,《中华人民共和国兵役法》；
17. 2021 年 9 月 7 日,退役军人事务部等 7 部门,《关于全面做好退役士兵教育培训工作的指导意见》；
18. 2021 年 11 月 24 日,退役军人事务部、中共中央组织部、教育部、公安部、财政部、人力资源社会保障部、住房和城乡建设部、国家税务总局、国家医疗保障局、中央军委政治工作部、中央军委后勤保障部,《退役军人逐月领取退役金安置办法》。

明心水彩作品《希望》

第九章
退役军人职业生涯宝典之工具宝盒

一、霍兰德职业兴趣测试量表

【工具介绍】霍兰德职业兴趣测试量表由美国著名职业指导专家霍兰德编制,主要用于确定被测试者的职业兴趣倾向。如果你已经考虑好或选择好了自己的职业生涯,本测试将使你的这种考虑或选择具有理论基础,或为你提供其他合适的职业生涯;如果你至今尚未确定职业生涯方向,本测试将帮助你根据自己的情况选择一个适当的职业生涯。

本测试共有 7 个部分,每部分测验都没有时间限制,但你应当尽快去完成。

第一部分:你心目中的理想职业

对于未来的职业生涯,你也许早有考虑,它可能很抽象、很朦胧,也可能很具体、很清晰。不论是哪种情况,现在都请你把自己最想干的 3 种工作按顺序写下来。

1.
2.
3.

第二部分:你所感兴趣的活动

下面列举了各种活动,请就这些活动判断你的喜恶。喜欢的活动请在"是"栏里打"√",不喜欢则在"否"栏里打"√"。如果某些活动你没有经历过,请凭你对该活动的认识和感觉来判断。务必按顺序回答全部问题。

R：现实型活动

具体事件或活动	是	否
1. 装配、修配、修理电器或玩具		
2. 修理自行车		
3. 用木头做东西		
4. 开汽车或摩托车		
5. 用机器做东西		
6. 参加木工技术学习班		
7. 参加制图描图学习班		
8. 驾驶卡车		
9. 参加机械和电气学习班		
10. 装配修理机器		
统计"是"一栏次数		

A：艺术型活动

具体事件或活动	是	否
1. 素描/制图或绘画		
2. 参加话剧戏曲		
3. 设计家具布置室内		
4. 练习乐器/参加乐队		
5. 欣赏音乐或戏剧		
6. 看小说/读剧本		
7. 从事摄影创作		
8. 写诗或吟诗		
9. 进艺术（美术/音乐）培训班		
10. 练习书法		
统计"是"一栏次数		

I：研究型活动

具体事件或活动	是	否
1. 读科技图书和杂志		
2. 在试验室工作		
3. 改良水果品种，培育新的水果		
4. 调查了解土壤和金属等物质的成分		
5. 研究自己选择的特殊问题		
6. 解算式或数学游戏		
7. 物理课		
8. 化学课		
9. 几何课		
10. 生物课		
统计"是"一栏次数		

S：社会型活动

具体事件或活动	是	否
1. 学校或单位组织的正式活动		
2. 参加某个社会团体或俱乐部的活动		
3. 帮助别人解决困难		
4. 照顾儿童		
5. 出席晚会、联欢会、茶话会		
6. 和大家一起出去郊游		
7. 想获得关于心理学方面的知识		
8. 参加讲座或辩论会		
9. 观看或参加体育比赛和运动会		
10. 结交新朋友		
统计"是"一栏次数		

E：企业型活动

具体事件或活动	是	否
1. 说服鼓动他人		
2. 卖东西		
3. 谈论政治		
4. 制定计划，参加会议		
5. 将自己的想法告诉别人		
6. 在社会团体中担任职务		
7. 检查与评价别人的工作		
8. 结识名流		
9. 指导有某种目标的团体		
10. 参与政治活动		
统计"是"一栏次数		

C：事务型活动

具体事件或活动	是	否
1. 整理好桌面和房间		
2. 抄写文件和信件		
3. 为领导写报告或公务信函		
4. 核查个人收支情况		
5. 参加打字培训班		
6. 参加珠算、文秘等实务培训		
7. 参加商业会计培训班		
8. 参加情报处理培训班		
9. 整理信件、报告、记录等		
10. 写商业贸易信		
统计"是"一栏次数		

第三部分：你所擅长的活动

下面列举了各种活动，其中你能做或大概能做的事，请在"是"栏里打"√"；反之，在"否"栏里打"√"，请回答全部问题。"统计'是'一栏次数"为得分。

R：现实型活动

具体事件或活动	是	否
1. 能使用电锯、电钻和锉刀等木工工具		
2. 知道万用表使用方法		
3. 能够修理自行车或其他机械		
4. 能够使用电钻床、磨床或缝纫机		
5. 能给家具和木制品刷漆		
6. 能看建筑等设计图		
7. 能够修理简单的电气用品		
8. 能修理家具		
9. 能修收录机		
10. 能简单地修理水管		
统计"是"一栏次数		

A：艺术型活动

具体事件或活动	是	否
1. 能演奏乐器		
2. 能参加二部或四部合唱		
3. 独唱或独奏		
4. 扮演剧中角色		
5. 能创作简单的乐曲		
6. 会跳舞		
7. 能绘画、素描或书法		
8. 能雕刻、剪纸或泥塑		
9. 能设计海报、服装或家具		
10. 写一手好文章		
统计"是"一栏次数		

I：研究型活动

具体事件或活动	是	否
1. 懂得真空管或晶体管的作用		
2. 能够列举3种含蛋白质多的食品		
3. 理解铀的裂变		
4. 能用计算尺、计算器、对数表		
5. 会使用显微镜		
6. 能找到3个星座		
7. 能独立进行调查研究		
8. 能解释简单的化学式		
9. 理解人造卫星为什么不落地		
10. 经常参加学术会议		
统计"是"一栏次数		

S：社会型活动

具体事件或活动	是	否
1. 有向各种人说明解释的能力		
2. 常参加社会福利活动		
3. 能和大家一起友好相处地工作		
4. 善于与年长者相处		
5. 会邀请人招待人		
6. 能简单易懂地教育儿童		
7. 能安排会议等活动程序		
8. 善于体察人心和帮助他人		
9. 帮助护理病人或伤员		
10. 安排社团组织的各种事务		
统计"是"一栏次数		

E：企业型活动

具体事件或活动	是	否
1. 担任过学生干部并且干得不错		
2. 工作上能指导和监督他人		
3. 做事充满活力和热情		
4. 有效地用自身的做法调动他人		
5. 销售能力强		
6. 曾当过俱乐部或社团的负责人		
7. 向领导提出建议或反映意见		
8. 有开创事业的能力		
9. 知道怎样做能成为一个优秀的领导者		
10. 能言善辩		
统计"是"一栏次数		

C：事务型活动

具体事件或活动	是	否
1. 会熟练地打印中文		
2. 会使用外文打字机或复印机		
3. 能快速记笔记和抄写文章		
4. 善于整理保管文件和资料		
5. 善于从事事务性的工作		
6. 会用算盘		
7. 能在短时间内分类和处理大量文件		
8. 能使用计算机		
9. 能搜集数据		
10. 善于为自己或集体做财务预算		
统计"是"一栏次数		

第四部分：你所喜欢的职业

下面列举了多种职业，请一个一个认真看，如果是你有兴趣的工作，请在"是"栏里打"√"；如果是你不太喜欢、不关心的工作，请在"否"里打"√"，请全部回答。"统计'是'一栏次数"为得分。

R：现实型活动

具体事件或活动	是	否
1. 飞机机械师		
2. 野生动物专家		
3. 汽车维修工		
4. 木匠		
5. 测量工程师		
6. 无线电报务员		
7. 园艺师		
8. 长途公共汽车司机		
9. 火车司机		
10. 电工		
统计"是"一栏次数		

A：艺术型活动

具体事件或活动	是	否
1. 诗人		
2. 乐队指挥		
3. 演奏家		
4. 作家		
5. 摄影家		
6. 记者		
7. 画家、书法家		
8. 歌唱家		
9. 作曲家		
10. 电影电视演员		
统计"是"一栏次数		

I：研究型活动

具体事件或活动	是	否
1. 气象学或天文学者		
2. 生物学者		
3. 医学实验室的技术人员		
4. 人类学者		
5. 动物学者		
6. 化学学者		
7. 数学学者		
8. 科学杂志的编辑或作家		
9. 地质学者		
10. 物理学者		
统计"是"一栏次数		

S：社会型活动

具体事件或活动	是	否
1. 街道、工会或妇联干部		
2. 小学、中学教师		
3. 精神病医生		
4. 婚姻介绍所工作人员		
5. 体育教练		
6. 福利机构负责人		
7. 心理咨询员		
8. 青年干部		
9. 导游		
10. 政府工作人员		
统计"是"一栏次数		

E：企业型活动

具体事件或活动	是	否
1. 厂长		
2. 电视片编制人		
3. 公司经理		
4. 销售员		
5. 不动产推销员		
6. 广告部长		
7. 体育活动主办者		
8. 销售部长		
9. 个体工商业者		
10. 企业管理咨询人员		
统计"是"一栏次数		

C：事务型活动

具体事件或活动	是	否
1. 会计师		
2. 银行出纳员		
3. 税收管理员		
4. 计算机操作员		
5. 簿记人员		
6. 成本核算员		
7. 文书档案管理员		
8. 打字员		
9. 法庭速记员		
10. 人口普查登记员		
统计"是"一栏次数		

第五部分：你的能力类型自评

下面两张表是你在 6 个职业能力方面的自我评分表。你可以针对自己在每一个方面的能力，先与同龄人比较，经斟酌以后再在下表中对自己的能力逐一评价，并在确定的分数上画圈，表 1 和表 2 分数相加后为能力类型自评得分。4 分代表中等水平，数字越大表示你该项的能力越强，数字越小表示你该项的能力越弱。注意，请勿全部画同样的数字，因为你的每项能力不可能完全一样。

表1：

【R】实际型	【A】艺术型	【I】研究型	【S】社会型	【E】企业型	【C】事务型
机械操作能力	艺术创作能力	科学研究能力	解释表达能力	商业洽谈能力	事务执行能力
7	7	7	7	7	7
6	6	6	6	6	6
5	5	5	5	5	5
4	4	4	4	4	4
3	3	3	3	3	3
2	2	2	2	2	2
1	1	1	1	1	1

表2：

【R】实际型	【A】艺术型	【I】研究型	【S】社会型	【E】企业型	【C】事务型
体育技能	音乐技能	数学技能	交际技能	领导技能	办公技能
7	7	7	7	7	7
6	6	6	6	6	6
5	5	5	5	5	5
4	4	4	4	4	4
3	3	3	3	3	3
2	2	2	2	2	2
1	1	1	1	1	1

能力自评得分：

	【R】实际型	【A】艺术型	【I】研究型	【S】社会型	【E】企业型	【C】事务型
表1得分						
表2得分						
自评得分						

第六部分：你的职业兴趣类型

请将前面第二到五部分的全部测试分数，按已统计好的各类型最后得分分别填入下表，并作纵向累加，得出各类型的总分。

霍兰德职业兴趣测试得分表

类型	【R】实际型	【A】艺术型	【I】研究型	【S】社会型	【E】企业型	【C】事务型
感兴趣的活动						
擅长获胜的活动						
喜欢的职业						
能力类型评定						
总分						

请将上表中的6种职业倾向总分按大小顺序依次从左到右排列：

排序结果						

第七部分：职业兴趣类型及对应的职业索引

现在，将你测验得分居第一位的职业兴趣类型找出，对照下面的职业索引，判断一下自己适合的职业种类。然后可与你前面所填的3个最感兴趣的职业相对照。

R（现实型）：木匠、农民、操作X光的技师、工程师、飞机机械师、鱼类和野生动物专家、自动化技师、机械工（车工、钳工等）、电工、无线电报务员、火车司机、长途公共汽车司机、机械制图员、修理机器、电器师。

A（艺术型）：室内装饰专家、图书管理专家、摄影师、音乐教师、作家、演员、记者、诗人、作曲家、编辑、雕刻家、漫画家。

I（研究型）：气象学者、生物学者、天文学者、药剂师、动物学者、化学家、科学报刊编辑、地质学者、植物学者、物理学者、数学家、实验员、科研人员、科技工作者。

S（社会型）：社会学者、导游、福利机构工作者、咨询人员、社会工作者、社会科学教师、学校领导、精神病工作者、公共保健护士。

E（企业型）：推销员、进货员、商品批发员、旅馆经理、饭店经理、广告宣传、调度员、律师、政治家、零售商。

C（实际型）：记账员、会计、银行出纳、法庭速记员、成本估算员、税务员、核算员、打字员、办公室职员、统计员、计算机操作员、秘书。

下面介绍与你3个代号的职业兴趣类型一致的职业表，对照的方法如下：首先根据你的职业兴趣代号，在下表中找出相应的职业，例如你的职业兴趣代号是RIA，那么牙科医生、陶工等职业是适合你的。然后寻找与你职业兴趣代号相近的职业，如你的职业兴趣代号是 RIA，那么你可寻找凡包含 RIA 等编号所对应的职业，诸如 IRA、IAR、RAI、ARI 等编号相对的职业，这些职业也较适合你的兴趣。

职业对应表

RIA：牙科技术人员、陶工、建筑设计员、模型工、细木工、制作链条人员
RIS：厨师、林务员、跳水员、潜水员、染色员、电器修理工、眼镜制作工、电工、纺织机器装配工、服务员、装玻璃工人、发电厂工人、焊接工
RIE：建筑和桥梁工程、环境工程、航空工程、公路工程、电力工程、信号工程、电话工程、一般机械工程、自动工程、矿业工程、海洋工程、交通工程技术人员、家政经济人员、计量员、农民、农场工人、农业机器操作、清洁工、无线电修理、汽车修理、手表修理、管子工、线路装配工、工具仓库管理员
RIC：船上工作人员、接待员、杂志保管员、牙医助手、制帽工、磨坊工、石匠、机器制造、机车（火车头）制造、农业机器装配、汽车装配工、缝纫机装配工、钟表装配和检验、电动器具装配、鞋匠、货物检验员、电梯机修工、托儿所所长、钢琴调音员、装配工、印刷工、建筑钢铁工人、卡车司机
RAI：手工雕刻、玻璃雕刻、制作模型人员、家具木工、制作皮革品、手工绣花、手工钩针编织、排字工人、印刷工人、图画雕刻、装订工
RSE：消防员、交通巡警、警察、门卫、理发师、房间清洁工、屠夫、锻工、开凿工人、管道安装工、出租汽车驾驶员、货物搬运工、送报员、勘探员、娱乐场所的服务员、起卸机操作工、灭害虫者、电梯操作工、厨房助手
RSI：纺织工、编织工、农业学校教师、某些职业课程教师（诸如艺术、商业、技术、工艺课程）、雨衣上胶工
REC：抄水表员、保姆、实验室动手饲养员、动物管理员
REI：轮船船长、航海领航员、大副、试管实验员
RES：旅馆服务员、家畜饲养员、渔民、渔网修补工、水手工、收割机操作工、搬运行李工人、公园服务员、救生员、登山导游、火车工程技术员、建筑工人、铺轨工人
RCI：测量员、勘测员、仪表操作者、农业工程技师、化学工程技师、民用工程技师、石油工程技师、资料室管理员、探矿工、煅烧工、烧窑工、矿工、保养工、磨床工、取样工、样品检验员、纺纱工、炮手、漂洗工、电焊工、锯木工、刨床工、制帽工、手工缝纫工、油漆工、染色工、按摩工、木匠、农民建筑工人、电影放映员、勘测员助手
RCS：公共汽车驾驶员、一等水手、游泳池服务员、裁缝、建筑工人、石匠、烟囱修建工、混凝土工、电话修理工、爆炸手、邮递员、矿工、裱糊工人、纺纱工
RCE：打井工、吊车驾驶员、农场工人、邮件分类员、铲车司机、拖拉机司机
IAS：普通经济学家、农场经济学家、财政经济学家、国际贸易经济学家、实验心理学家、工程心理学家、心理学家、哲学家、内科医生、数学家
IAR：人类学家、天文学家、化学学家、物理学家、医学病理学家、动物标本制作者、化石修复者、艺术品管理员
ISE：营养学家、饮食顾问、火灾检查员、邮政服务检查员
ISC：侦察员、电视播音室修理员、电视修理服务员、验尸室人员、编目录者、医学实验室技师、调查研究者
ISR：水生生物学者、昆虫学者、微生物学家、发展心理学家、配镜师、矫正视力者、细菌学家、牙科医生、骨科医生
ISA：实验心理学家、普通心理学家、发展心理学家、教育心理学家、社会心理学家、临床心理学家、目录学家、皮肤病学家、精神病学家、妇产科医生、眼科医生、五官科医生、医学实验室技术专家、民航医务人员、护士
IES：细菌学家、生理学家、化学专家、地质专家、地理物理学专家、纺织技术专家、医院药剂师、工业药剂师、药房营业员

续表

IEC：档案保管员、保险统计员	
ICR：质量检验技术员、地质学技师、工程师、法官、图书馆技术辅导员、计算机操作员、医院听诊员、家禽检查员	
IRA：地理学家、地质学家、水文学家、矿物学家、古生物学家、农业科学家、动物学家、食品科学家、园艺学家、植物学家、细菌学家、解剖学家、动物病理学家、植物病理学家、药物学家、生物化学家、生物物理学家、细胞生物学家、临床化学家、遗传学家、分子生物学家、质量控制工程师、地理学家、兽医、放射治疗技师	
IRS：流体物理学家、物理海洋学家、等离子体物理学家、农业科学家、动物学家、食品科学家、园艺学家、植物学家、细菌学家、解剖学家、动物病理学家、作物病理学家、药物学家、生物化学家、生物物理学家、细胞生物学家、临床化学家、遗传学家、分子生物学家、质量控制工程师、地理学家、兽医、放射性治疗技师	
IRE：化验员、化学工程师、纺织工程师、食品技师、渔业技术专家、材料和测试工程师、电气工程师、土木工程师、航空工程师、行政官员、冶金专家、原子核工程师、陶瓷工程师、地质工程师、电力工程量、口腔科医生、牙科医生	
IRC：飞机领航员、飞行员、物理实验室技师、文献检查员、农业技术专家、动植物技术专家、生物技师、油管检查员、工商业规划者、矿藏安全检查员、纺织品检验员、照相机修理者、工程技术员、编计算机程序者、工具设计者、仪器维修工	
CRI：簿记员、会计、记时员、铸造机操作工、打字员、按键操作工、复印机操作员	
CRS：仓库保管员、档案管理员、缝纫工、讲述员、收银员	
CRE：标价员、实验室工作者、广告管理员、自动打字机操作员、电动机装配工、缝纫机操作工	
CIS：记账员、顾客服务员、报刊发行员、土地测量员、保险公司工作人员	
CIR：校对员、工程职员、海底电报员、检修计划员、发报员	
CSE：接待员、通信员、电话接线员、售票员、旅馆服务员、私人职员、商学教师、旅游办事员	
CSR：运货代理商、铁路职员、交通检查员、办公室通信员	
CSI：簿记员、出纳员、银行财务职员	
CSA：秘书、图书管理员、办公室办事员	
CER：邮递员、数据员、航空邮件检查员	
CEI：推销员、经济分析家	
CES：银行会计、记账员、秘书、速记员、法院报告人	
ECI：银行行长、审计员、信用管理员、地产管理员、商业管理员	
ECS：信用办事员、保险人员、各类进货员、海关服务经理、售货员、采购员、会计	
ERI：建筑物管理员、工业工程师、农场管理员、护士长、农业经营管理人员	
ERS：仓库管理员、房屋管理员、货栈监督管理员	
ERC：邮政局长、渔船船长、机械操作领班、木工领班、瓦工领班、驾驶员领班	
EIR：科学、技术和有关周期出版物的管理员	
EIC：专利代理人、鉴定人、运输服务检查员、安全检查员、废品收购人员	
EIS：警官、侦察员、交通检验员、安全咨询员、合同管理者	
EAS：法官、律师、公证人	
EAR：展览室管理员、舞台管理员、播音员、驯兽员	
ESC：理发师、裁判员、政府行政管理员、财政管理员、工程管理员、职业病防治、售货员、商业经理、办公室主任、人事负责人、调度员	

续表

ESR:	家具售货员、书店售货员、公共汽车的驾驶员、日用品售货员、护士长、自然科学和工程的行政领导
ESI:	博物馆管理员、图书馆管理员、古迹管理员、饮食业经理、地区安全服务管理员、技术服务咨询者、超级市场管理员、零售商品店店员、批发商、出租汽车服务站调度员
ESA:	博物馆馆长、报刊管理员、音乐器材售货员、广告商售画营业员、导游、(轮船或班机上的)事务长、空姐、船员、法官、律师
ASE:	戏剧导演、舞蹈教师、广告撰稿人、报刊专栏作者、记者、演员、英语翻译
ASI:	音乐教师、乐器教师、美术教师、管弦乐指挥、合唱队指挥、歌星、演奏家、哲学家、作家、广告经理、时装模特
AER:	新闻摄影师、电视摄像师、艺术指导、录音指导、丑角演员、魔术师、木偶戏演员、骑士、跳水员
AEI:	音乐指挥、舞台指导、电影导演
AES:	流行歌手、舞蹈演员、电影导演、广播节目主持人、舞蹈教师、口技表演者、喜剧演员、模特
AIS:	画家、剧作家、编辑、评论家、时装艺术大师、新闻摄影师、演员、文学作者
AIR:	建筑师、画家、摄影师、绘图员、环境美化工、雕刻家、包装设计师、陶瓷设计师、绣花工、漫画工
SEC:	社会活动家、退伍军人、服务员、工商会事务代表、教育咨询者、宿舍管理员、旅馆经理、饮食服务管理员
SER:	体育教练、游泳指导
SEI:	大学校长、学院院长、知院行政管理员、历史学家、家政经济学家、职业学校教师、资料员
SEA:	娱乐活动管理员、国外服务办事员、社会服务助理、一般咨询者、宗教教育工作者
SCE:	部长助理、福利机构职员、生产协调人员、环境卫生管理人员、戏院经理、餐馆经理、售票员
SRI:	外科医师助手、医院服务员
SRE:	体育教师、职业病治疗者、体育教练、专业运动员、房管员、儿童家庭教师、警察、引座员、传达员、保姆
SRC:	护理员、护理助理、医院勤杂工、理发师、学校儿童服务人员
SIA:	社会学家,心理咨询师,学校心理学家,政治科学家,大学或学院的系主任,大学或学院的教育学教师,大学农业教师,大学工程和建筑课程的教师,大学法律教师,大学数学、医学、物理、社会科学和生命科学的教师,研究生助教,成人教育教师
SIE:	营养学家、饮食学家、海关检查员、安全检查员、税务稽查员、校长
SIC:	描图员、兽医助手、诊所助理、体检检查员、监督缓刑犯的工作者、娱乐指导者、咨询人员、社会科学教师
SIR:	理疗员、救护队工作队人员、手足病医生、职业病治疗助手
SAC:	理发师、指甲修剪师、包装艺术家、美容师、整容专家、发式设计师
SAE:	听觉病治疗者、演讲矫正者
SAE:	图书馆管理员、小学教师、幼儿园教师、学前儿童教师、中学教师、师范学院教师、盲人教师、智力障碍人的教师、聋哑人的教师、学校护士、牙科助理、飞行指导员

二、职业世界地图

【工具介绍】职业世界地图是探求个人职业兴趣的非正式评估方法,使用起来比较简单,也可以与霍兰德量表配合验证使用,便于自己更好地找到职业定位。在这个世界地图中,按照所从事工作领域的工作对象来划分,可以得到 4 个工作对象,即人、物、实务、理念,与霍兰德 6 种类型是可以对应匹配的。

接下来,让我们在下面这个职业世界地图中找寻自己的职业方向吧!

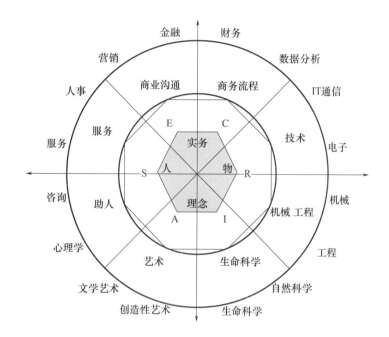

首先记下你的霍兰德职业兴趣代码,然后沿着主代码的方向,在职业世界地图找到对应的区域。这个代码对应的区域,是与人打交道多一些,还是与机器、工具相伴多一些?是偏重具体事务工作还是侧重理论研究探索?是否符合自己的兴趣爱好呢?对应的领域内的工作是否是你喜欢的工作?能否成为你的未来职业发展方向?

再沿着你的另外两个代码的方向,在职业世界地图上找到对应区域。看看推荐的职业是否合适呢?

最后,写下通过职业世界地图发现的职业方向吧。

三、职业兴趣岛

【工具介绍】职业兴趣岛是探求个人职业兴趣的非正式评估方法。通过选择岛屿,积极思考人生,洞察自己真正的职业兴趣,发现自己喜欢和不喜欢的职业内容,帮助自己在职业定位时把握好方向。

接下来,我们开始吧!我们先来参观一下 6 个神奇的职业兴趣岛。

A岛——美丽浪漫岛:这个岛上到处是美术馆、音乐厅,弥漫着浓厚的艺术文化气息。岛民们保留着传统的舞蹈、音乐与绘画。许多文艺界人士都喜欢来到这里寻求灵感。

C岛——现代井然岛:处处耸立着的现代建筑,标志着这是一个进步的、都市形态的岛屿。岛上的户政管理、地政管理及金融管理都十分完善。岛民们个性冷静保守,处事有条不紊,善于组织规划。

E岛——显赫富庶岛:该岛经济高度发展,处处是高级饭店、俱乐部、高尔夫球场。岛民性格热情豪爽,善于企业经营和贸易活动。岛上往来者多是企业家、经理人、政治家、律师等。这些商界名流与上等阶层人士在岛上享受着高品质生活。

I岛——深思冥想岛:这个岛平畴绿野,人少僻静,适合夜观星象。岛上有很多天文馆、科技博物馆、科学图书馆。岛民们最喜欢猫在自己的小房子里,天天钻研学问,沉思冥想,探究真知。哲学家、科学家和心理学家们在这里约会,讨论学术、交流思想。

R岛——自然原始岛:这是个自然生态优良的绿色之岛。岛上不仅保留有热带雨林等原始生态系统,而且建立了相当规模的植物园、动物园、水族馆。岛民以手工制造见长,他们自己种植花果,栽培蔬菜,修缮房屋,打造器物,制作工具。

S岛——温暖友善岛:这个岛的岛民们都性情温和,乐于助人,人际十分友善。大家互助合作,重视教育后代。每个社区都能自成一个密切互动的服务网络,处处充满着人文关怀气息。

好,如果你必须在6个岛之中的一个岛上生活一辈子,成为这里岛民的一员。现在有15秒时间,可以让你充分想象以后在岛屿上的幸福生活。想好之后,请你回答以下问题:

问题1:你第一个会选择哪一个岛?

问题2:你第二个会选择哪一个岛?

问题3：你第三个会选择哪一个岛？

问题4：你打死都不愿意选择哪一个岛？

选好之后，请依次记下4个问题的答案：

问题1：_____

问题2：_____

问题3：_____

问题4：_____

测试分析：A、C、E、I、R、S岛事实上分别代表了6种霍兰德职业类型。问题1的答案体现了你最显著的职业性格特征、最喜欢的活动类型以及最喜欢（很可能是最适合）的大致职业范围。反之，问题4的答案则是你最不喜欢的活动等。

四、成就事件法

【工具介绍】成就事件法是探求个人能力优势的非正式评估方法。很多时候，我们迷惘，是因为我们不知道自己能做什么，善于做什么，一旦知道了自身的优势，那么做起事来，自然就事半功倍。因此，通过回忆过往的人生"成就"，积极进行自我检索，唤醒你的成功体验和成就感，既能找到你的能力优势，也能坚定未来自我启动的信心信念。

接下来，让我们一起开启回忆吧！它的具体步骤有3步：

第一步：请仔细回忆一下自己的成就事件，尽量找到3件你认为最有成就的事情。要注意，不是普通成就，是你经过充分思考后认为最有成就的事情，这是非常重要的自我检索的过程。评价的标准只有你自己内心的感受，你认为是，它就是成就事件。

第二步：写下3个成就事件。我们要把它详细地描述出来，讲一个完美、励志、有趣的小故事。这个成就故事，需要包含时间、地点、人物、结果、影响等要素细节。

第三步：对写下来的3个成就事件分别进行能力分析。注意区分出哪些是知识、哪些是技能、哪些是才干。知识就是你懂的东西，常常与特定的工作和学习内容相关，难以迁移；技能就是你能够操作和完成的技术，可以在工作之外进行使用和发展；才干是你内在的品质，很难被单独地应用，但是会在完成任务的过程中发挥不小的作用。

接下来，开始填写你的成就事件吧！

你的成就事件

事件	时间、地点、人物、结果、影响	表现出的能力
1		知识： 技能： 才干：
2		知识： 技能： 才干：
3		知识： 技能： 才干：

请把每个成就事件中展现出来的能力进行整合梳理，填写到下表中。

如果某些能力在两个以上事件中重复出现，请重复填写，确保每个成就事件体现出来的能力都能够得到呈现。不同的事件中表现出来的会是不同的能力，出现频次多的能力，很可能就是你擅长或者喜欢的能力，如果未来针对这些进行强化和展现，可能获得较好的职业发展。

你的成就事件中表现出的能力

知识	
技能	
才干	

五、舒伯职业价值观量表

【工具介绍】舒伯职业价值观量表（WVI）是探求个人价值观的正式评估方法，由舒伯编制形成，其他专家学者逐步完善。该测试量表分为3个维度：内在价值观（和职业本身相关的因素）、外部价值观（和职业相关的外部因素）、薪水报酬（包括待遇福利等可见收入），在这3个大维度下又包含了15个因素。通过测试，对回答"你如何评估哪一条发展路径更好？""哪些因素对你的职业选择非常重要？""我该如何兼顾当下的需求和长远的目标？"等问题困惑，具有科学的指导意义。

接下来，开始自我测试吧！

下面有60道题，请在题目前面分值处打分。最低分1分，最高分5分，分数越高代表该项内容对你来说越重要。通过测试,你可以大致了解自己的职业价值倾向,为将来择业提供参考依据。

分值	题号	题目	分值	题号	题目
	1	能参与救灾济贫的工作		31	能够减少别人的苦难
	2	能经常欣赏完美的工艺作品		32	能运用自己的鉴赏力
	3	能经常尝试新的构想		33	常需构思新的解决方法
	4	必须花精力去深入思考		34	必须不断地解决新的难题
	5	在职责范围内有充分自由		35	能自行决定工作方式
	6	可以经常看到自己的工作成果		36	能知道自己的工作绩效
	7	能在社会扮演更重要的角色		37	能让你觉得出人头地
	8	能知道别人如何处理事务		38	可以发挥自己的领导能力
	9	收入能比相同条件的人高		39	可使你存下很多钱
	10	能有稳定的收入		40	有好的保险和福利制度
	11	能有清静的工作场所		41	工作场所有现代化的设备
	12	主管善解人意		42	主管能采取民主领导方式
	13	能经常和同事一起休闲		43	不必和同事有利益冲突
	14	能经常变换职务		44	可以经常变换工作场所
	15	能成为你想成为的人		45	常让你觉得如鱼得水
	16	能帮助贫困和不幸的人		46	常能帮助他人解决困难
	17	能增添社会的文化气息		47	能创作优美的作品
	18	可以自由地提出新颖的想法		48	常需提出不同的处理方案
	19	必须不断学习才能胜任		49	需对事情深入分析研究
	20	工作不受他人干涉		50	可以自行调整工作进度
	21	常觉得自己的辛劳没有白费		51	工作结果受到他人肯定
	22	能使你更有社会地位		52	能自豪地介绍自己的工作
	23	能够分配调整他人的工作		53	能为团体拟定工作计划
	24	能常常加薪		54	收入高于其他行业
	25	生病时能有妥善照顾		55	不会轻易地被解雇或裁员
	26	工作地点光线通风好		56	工作场所整洁卫生
	27	有一个公正的主管		57	主管学识和品德让你钦佩
	28	能与同事建立深厚的友谊		58	能够认识很多风趣的伙伴
	29	工作性质常会变化		59	工作内容随时间变化
	30	能实现自己的理想		60	能充分发挥自己的专长

计分及解释

得分	对应题目	职业价值观	得分	对应题目	职业价值观
	1、16、31、46	利他主义		9、24、39、54	经济报酬
	2、17、32、47	美的追求		10、25、40、55	安全稳定
	3、18、33、48	创造发明		11、26、41、56	工作环境
	4、19、34、49	智力激发		12、27、42、57	上司关系
	5、20、35、50	独立自主		13、28、43、58	同事关系
	6、21、36、51	成就满足		14、29、44、59	多样变化
	7、22、37、52	声望地位		15、30、45、60	生活方式
	8、23、38、53	管理权力			

以上"积分及解释"中，得分最高的 3 项是：_____

得分最低的 3 项是：_____

从得分最高和最低的 3 项中，可以大致看出你的价值倾向，在工作过程中可以当作评估优先级的标准。

六、职业价值观自我筛选表

【工具介绍】"职业价值观自我筛选表"是探求价值观的非正式评估方法，是通过对照舒伯总结提炼的 15 个因素进行自我筛选的有效工具。在一步步的删减和确认过程中，保留下自己最为看重的若干种价值观因素。

下面，我们开始吧！它的具体步骤有 4 步：删减、确认、再删减、再确认。

第一步，删减。从以下 15 种价值观因素中，假设获得和失去这个价值观的感受是什么？仔细掂量这个感受，对于与自己不相符的 7 种因素，在"删减"栏中标注"×"符号，最终剩下 8 种因素。这是自我初步探索。

删减	职业价值观	删减	职业价值观
	利他主义		经济报酬
	美的追求		安全稳定
	创造发明		工作环境
	智力激发		上司关系
	独立自主		同事关系
	成就满足		多样变化
	声望地位		生活方式
	管理权力		

第二步,确认。将保留下来的 8 种类型大声念出来,看看自我感受是如何的? 是否是内心真实感受? 是否需要再调整下? 如果确认了下来,请将你第一轮筛选出来的 8 种价值观记录在下表中,以便进行第三步的操作。

删减	职业价值观	删减	职业价值观

第三步,再删减。这一次,我们需要筛选后保留 3 种价值观。每一次删减掉一种价值观,你是否纠结? 纠结就对了。你要思考为什么纠结。

第四步,再确认。再次感受是否这 3 种价值观就是你一直在追求的呢? 如果确认下来,就记录下来最终的 3 种价值观吧!

七、生涯幻游

【工具介绍】生涯幻游是探求价值观的非正式评估方法。通过生涯幻游,我们可以从事业、家庭、休闲、学习 4 个维度来探索自己的价值观,分析一下自己哪些方面是比较缺失、没有规划到的,比如有的朋友看到自己 5 年之后只有工作、学习,没有休闲、家庭,可以考虑一下休闲的时候自己还有什么乐趣可以发掘? 家庭方面是真的不需要家人的陪伴吗? 在开展生涯幻游的过程中,我们可以找到自己现在与未来梦想的差距,在缺失的方面多努力多学习。

下面就带大家一起来一场生涯幻游之旅吧!

(1)放松自己:

在安静不被打扰的环境,舒服的姿势。

想象自己是一台扫描器,扫到哪里就放松到哪里。

从头开始对每一个部位进行放松,呼吸均匀缓慢,感受呼吸。

(2)生涯幻游可以来到你希望的任何时间,5 年后、10 年后、20 年后甚至 80 岁的时候。

(3)幻游过程:

一起坐着时空机来到了 10 年后,现在你多少岁? 想象自己的容貌、周围的场景。

你躺在床上,清晨醒来,睁开眼睛,看到天花板是什么颜色的?

你下床的时候,脚趾接触到地面,请感受一下地面的温度,是暖暖的还是凉凉的?

梳洗之后你来到衣柜前准备换衣服上班,今天你准备穿什么样的衣服?穿好衣服看镜子里的自己是什么样子?

来到餐厅吃饭,你早餐吃什么?和你一起用餐的还有谁?你们在聊些什么?

吃好饭出门,关上大门,回头看一下你的家是什么样子?

你坐什么样的交通工具去上班?

你到工作的地方了,这个地方看起来是什么样子?

你跟同事们打招呼,他们都怎么称呼你?还有哪些人出现在办公室?他们在做什么?

你坐下安排工作,上午的工作内容是什么?会用到哪些东西?

上午结束,你中饭打算吃什么?跟谁一起吃?

下午的工作跟上午有什么不同?你在忙些什么?

结束了一天之后,下班的你要参加什么活动?

你回到家,家里都有哪些人?

晚饭后你都做了些什么?

睡觉前,你计划明天参加一个颁奖典礼,你是获奖者之一,你将接受的奖项是什么?谁来给你颁奖?你的获奖感言是什么?

该上床休息了,躺在床上回忆一天的工作和生活,你满意吗?

你渐渐进入梦乡。

八、职业生涯人物访谈

【工具介绍】生涯人物访谈是帮助你了解真实职业世界的一种有效方法,是与一些职业从业者会谈而获取关于一个行业、职业和单位"内部"信息的一种职业探索活动。通过访谈了解该职业岗位的实际工作情况,获取相关职业领域的信息,实际上是一次间接、快速的职业体验。

接下来,让我们为开启一次有效的职业生涯人物访谈做好充分准备。一次成功的职业生涯人物访谈,需要按照以下流程操作:

(1)梳理自我认知。可以借助一定的工具,如霍兰德职业兴趣测试量表、舒伯职业价值观量表等前面介绍过的工具分析自己的兴趣、能力和价值观。

(2)寻找生涯人物。结合自己的兴趣、能力、价值观,以及自己的个人实际情况和已掌握的职业知识,列出未来可能从事的几个职业,然后在每个职业领域寻找 3～5 位在职人士作为生涯人物。生涯人物可以是自己的亲人、老师、战友、领导、朋友,可以是他们推荐的其他人,也可以借助同学群、老乡群、行业协会来寻找其他职场人士。注意,生涯人物的职业最好是自己有一定了解的,甚至是向往的职业。

在确定每个职业领域的生涯人物上,应做到结构合理,既要有工作三五年的基层工作人员(注意不能是职场新人),也要有工作一定年限的中高层管理人员。正式访谈前对生涯人物的信息掌握得越全面越好,姓名、职务和联系方式是必须的,对于可以收集到的生涯人物的讲话、文章和其他公开信息,要尽可能地收集和熟悉。

(3)拟定访谈提纲。结合目标职业信息设计访谈问题。对生涯人物的访谈可以围绕以下要点进行:行业、单位名称、职位、工作性质类型、工作主要内容、地点、时间、任职资格、所需技能、市场前景、行业相关信息、工作环境、工作强度、福利薪酬、工作感受、员工满意度等。(参考访谈问题提纲附后)

(4)预约并实地采访。预约方式有电话、微信、QQ、电子邮件等,其中电话预约最好。预约时,首先介绍自己,然后说明找到他的途径、自己的采访目的、感兴趣的工作类型,以及进行采访所需要的时间,通常 30 分钟左右,最后需要确认采访的日期、时间和地点。注意,联系前的准备要充分;电话联系时,还应备好纸和笔,以备临时电话采访;联系时一定要有礼貌、时间要短。

访谈方式有现场面谈、语音访谈、视频访谈,最好是现场面谈。现场面谈前,一般可以用已经从其他渠道了解的生涯人物的好消息轻松打开话题,之后就可以按设计好的问题开始访谈了。遇到生涯人物谈兴正浓时,采访者要乐于倾听,给生涯人物留出提供其他信息的机会。在访谈结束时,请生涯人物再给自己推荐其他相关的生涯人物。这样就可以以滚雪球的方式拓展自己的职业认知领域和相关的生涯人物。

注意:①采访前为自己准备一个"30 秒广告"来表达自己的职业兴趣和求职意向,因为在访谈过程中,生涯人物可能会问采访者的职业兴趣和求职意向。②面谈前应征求生涯人物的意见,视情况对谈话进行录音或书面记录,如果对方明确表示不可录音,要注意遵守。③面谈一定要守时、简洁,不浪费他人时间。④访谈结束后,对于不允许访谈现场记录的内容应迅速补记。⑤采访结束后一天之内,要通过合适的方式表示感谢。

(5)访谈结果分析。在一个职业领域采访 3～5 个生涯人物后,分析对照之前自己对该职业的认识,找出主观认识与现实之间的偏差,确定自己是否适合这一行业、职业和工作环境,是否具备所需能力、知识与品质。最后形成书面总结报告,进而详细制定自我培养计划。如果访谈结果与自己之前的认识出现严重脱节，就有必要进入另一个职业领域，开展新一轮生涯人物访谈。

职业生涯人物访谈参考问题提纲

（注：以下问题仅供参考，访谈时灵活选择问题）

（一）目标行业调查

目标行业调查数据事实以及该行业的发展趋势如何？

该行业处于行业发展的哪个阶段？曙光、朝阳、成熟、夕阳？

该行业大概的分类是怎样的？各自有什么特征？

我进入该行业的核心优势是什么？

该行业核心公司、新兴公司、发展速度最快的公司有哪些？

（二）目标职位调查

目标职位的调查数据包括该职位的主要职责是什么？常规一天是如何度过的？对于这个职位目前我还欠缺哪些技能？该职位的工作环境、工作时间、工作强度如何？基于你的分析，对于这个职位目前我的优势有哪些？

该职位对人有什么样的技能、知识或者个性的要求？

如果要成为这个职位的精英，我需要发挥自己哪方面的优势？

在这个职位的优秀员工都有什么共同特征？

你对这个职位的满意度如何？哪些方面特别满意？哪些方面不满意？

该职位的薪酬福利、工资梯度大概是什么样的？

工作中要用到的技能是我乐于学习的吗？

该职位的入职要求如何？学历、专业、资质、资格、必需的技能和工作经验有哪些？

如果要进入这个职业，我现在最需要提升什么？

这个职位日常面临的问题和挑战有哪些？解决的办法是什么？

我还需要什么能力与资历能让我在这个行业一直发展下去？

该职位最有成就感的地方是什么？

该职位的晋升空间和路径是怎样的？

能否推荐一两个同样热心人,让我进一步获取相关职业信息?

要进一步获得更多的职业相关信息,有什么书籍、杂志或者网站推荐?

(三)目标公司调查

该公司的企业文化是什么?

基于你的分析,我进入该公司的优势是什么?

该公司处于该行业的地位是怎样的?

该公司的企业文化是否符合我的价值观?

该公司对人才的培养机制是怎样的?

该公司的核心产品和服务是什么?有什么特点?

该公司未来发展方向是什么?

该公司的目标客户、核心客户是谁?

基于你的分析,我如果在该公司,未来的前途如何?为什么?

该公司的竞争对手有哪些?

九、职业生涯决策平衡单

【工具介绍】生涯决策平衡单是目前比较流行的生涯决策工具,在面临多个选择难以决策时,能够帮助我们通过赋值量化,把面临的选择进行分数化,这种方式可以帮助我们更有条理地、客观地、具体地看待每一个选项。

生涯决策需要考虑4类因素,统称为职业选项考虑因素。

——自我物质方面的得失,即选择某一个生涯选项,在物质方面我能够得到或失去的东西。一般包括:个人收入、健康状况、休闲时间、未来发展、晋升机会、社交范围等。

——他人物质方面的得失,即选择某一个生涯选项,在物质方面对他人的影响,常见的他人一般是家人,比如说家庭收入、家庭地位、与家人相处时间等。

——自我精神方面的得失,即做出一项选择时,我能够得到或者失去的精神层面的东西。例如:改变生活方式、富有挑战性、实现社会价值、社会声誉、成就感、工作压力、兴趣的满足等。

——他人精神方面的得失,我做出一个选择时,他人(生涯规划上一般都是指家人)在精神方面的得失,例如:父母的支持、配偶的支持、子女的支持等。

以上生涯选项中的具体考虑因素因人而异。平衡单具体填写步骤如下：

(1)列出需要比较的生涯选项,既然涉及选择,肯定至少有两个选项。

(2)根据自己的具体情况,按照四大选项考虑因素组分别罗列出各组的考虑因素。

(3)为选项考虑因素赋值,即给予权重分数。最重要的因素为5,最不重要的因素为1。

(4)设定各个选项对相应考虑因素的影响程度分数。从 -10 到 +10 来衡量正面预期和负面预期,根据选项对考虑因素具体项影响的大小而定。

(5)加权算出总分,然后评估不同的生涯选项。

接下来,开始自我测试吧!

生涯决策平衡单

职业选项考虑因素		所占权重 1~5 的倍数	职业选项 A		职业选项 B	
			正面预期加权分数 A （$+A×$权重）	负面预期加权分数 A （$-A×$权重）	正面预期加权分数 A （$+A×$权重）	负面预期加权分数 A （$-A×$权重）
自我物质方面的得失	个人收入	例:5	3(+15)		4(+20)	
	未来发展					
	休闲时间	例:3		2(-6)		4(-12)
	健康状况					
	晋升机会					
	社交范围					
	其他					
他人物质方面的得失	家庭收入					
	家庭地位					
	家人相处时间					
	其他					
自我精神方面的得失	工作成就感					
	社会声誉					
	工作压力					
	职业安全感					
	兴趣的满足					
	其他					
他人精神方面的得失	父母					
	配偶					
	子女					
	其他人					
合计						

注意事项如下：

第一，使用决策平衡单的前提是充分了解自我和工作世界；如果不是很了解自我和外界信息，分数很难打，也很难帮助你做出决策。

第二，每个维度的项目因人、因时、因地不同。随着时间的变化，你的平衡单打分可能会有所不同。

第三，每一项具体分数根据分析的优缺点得出，每一份工作对你可能都有利有弊，很难完美。

第四，平衡单的作用不是让你作出唯一决定，也就是说平衡单不是最后做出决策时唯一的参考，只是对于当下来讲，相对比较好的参考。如果第一决策不太理想，我们也可以考虑第二个选择。

第五，决策平衡单是一个动态的过程。

十、角色饼图

【工具介绍】角色饼图的基础是舒伯理论中的生涯彩虹图。它可以帮助我们锁定一个阶段（1~3年）的角色全景，让我们的视觉更清晰地看到各角色比例，再透过角色投入比例察觉到自己的阶段重心。最后，通过现状与理想的对比，我们更容易找到现实与理想状态的差距和调整关键点。

接下来，让我们看看自己的角色全景吧！具体操作步骤：

1. 评估和找到当前阶段的角色分类

思考自己在最近一周/一月以内，主要扮演的生涯角色有哪些，在纸上记录。有两个提醒：一是不一定每一种生涯角色自己都在扮演，只要找到自己经常扮演的角色即可；二是我们建议增加一个在不久的将来1~3年中，你又会担任哪些生涯角色。以下是主要角色：

（1）子女角色；

（2）学习者角色；

（3）休闲者角色；

（4）公民角色；

（5）工作者角色；

（6）持家者角色。

2. 画出当前状态下的角色饼图

以周为单位,除去吃饭睡觉的时间,剩下的时间做一个分析,看用在各个角色的时间为多少,占多少比例,加起来应等于本阶段100%的时间。

3. 画出理想状态下的角色饼图

如果你可以过上你理想中的生活,那你理想的时间分配是怎样的?同样用百分比的数字表示。

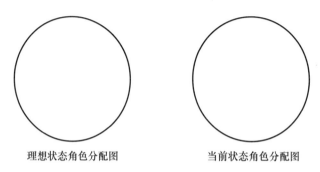

理想状态角色分配图　　　　当前状态角色分配图

以上3个步骤可以使用下表完成,并将相应的比例转到饼图中(建议使用PPT绘制或者手绘完成)。

角色	现状	理想
子女		
学习者		
休闲者		
公民		
工作者		
持家者		

4. 把两张图放在一起比较

最大的不同在哪里,有什么差距,你的感受如何?如何才能达到这个理想状态?反思一下自己的现状,确定自己应该更努力的方向。

5. 找到关键角色,把目标具体化,分析下一步调整的行动

找到哪些重心角色投入过多(或少)?是否增加角色?是否调整角色投入程度?要达到理想状态,接下来可以做什么?你可以争取到哪些支持?罗列一个某阶段内的具体行动计划,让自己协调系统中角色之间及角色投入比重的关系来达成自己的理想状态。

十一、生涯瞄准器

【工具介绍】生涯瞄准器是专门为退役军人打造的生涯规划工具,它包括三部分:生

涯理想金三角、职业定位地图和生涯助力轮。通过该工具,可以帮助退役军人利用前面所了解的职业生涯有关知识,将兴趣、能力、价值观有机结合起来,既能帮助你更好找到职业发展方向,更加聚焦职业理想目标,更能帮助你开启人生的新天地,拥有美好的退役后生涯,瞄准"成功",一击命中!

那么,我们来了解下生涯瞄准器吧!看看怎样才能一击命中。

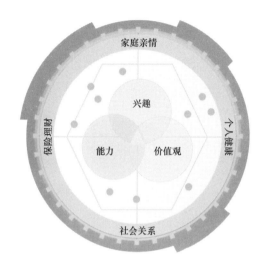

首先,找到你的职业金三角!我们从事的工作,满足其一的话就会成长为适合我们的工作。那么什么样子的职业是最理想的职业呢?当一份职业,既能够满足你的兴趣,又具备足够的能力素质,还需要符合你的价值观,三者重叠部分就是你的职业金三角!有以下4个步骤,我们一起来操作吧!

(1)怎么找到你的职业兴趣呢?方法包括霍兰德职业兴趣测试量表、职业兴趣岛等,通过自我探求,你的职业兴趣有哪些呢?可以列在下面。

我的职业兴趣:_____

(2)怎么找到你的能力呢?方法包括盖洛普优势测评、成就事件法等,通过自我探求,你的能力有哪些呢?可以列在下面。

我的能力:_____

(3)怎么找到你的价值观呢?方法包括舒伯职业价值观量表、职业价值观自我筛选表、生涯环游等,通过自我探求,你的价值观有哪些呢?可以列在下面。

我的价值观:_____

(4)开始瞄准!找到准心——也就是你的职业金三角。

请你思考下,什么工作,你既有兴趣、又有能力、又符合你的价值观?请把它列在下面。

然后，在瞄准镜中利用"表尺"来验证你的职业定位和方向。上面，我们查找到了职业金三角，那么这个金三角是否准确呢？我们可以利用瞄准镜中的"表尺"进行复验，这个"表尺"就是职业世界地图。我们把金三角对应的职业带入职业世界地图，看是否符合自己实际情况，互相予以认证。

最后，让我们把视线聚焦到瞄准器的外圈吧，它是生涯助力轮！顾名思义，它是能够帮助你更好地实现生涯理想的助力因素——生涯不仅仅只有工作，还包括家庭亲情、个人健康、保险理财、社会关系等，这些都是在进行生涯规划过程中，我们需要考虑的外力因素。图中仅仅列出部分助力因素，还有更多的、因人而异的影响因素。生涯助力轮的存在，就是要提醒你，时刻都要记得，我们的人生丰富多彩，要想实现人生美满，就要把生涯中的各种因素全面统一起来，找到各种各样的助力，协力共同推进你的人生绚烂绽放！

参考文献

[1] 金树人. 生涯咨询与辅导[M]. 北京:高等教育出版社,2007.

[2] 古典. 生涯规划师专业能力培训教程——生涯规划师[M]. 南京:江苏凤凰科学技术出版社,2016.

[3] 中国社会科学院财经战略研究院. 中国城市竞争力第19次报告[M]. 北京:中国社会科学出版社,2021.

[4] 中华人民共和国国家统计局. 中国统计年鉴2021[M]. 北京:中国统计出版社,2021.

[5] 国家职业分类大典修订工作委员会. 中华人民共和国职业分类大典(2015版)[M]. 北京:中国劳动社会保障出版社,2015.

后 记

大江东去,岁月无声;脱下军装,奉献地方。他们有一个共同的名字——退役军人。我国现有数千万退役军人,他们是建设中国特色社会主义的重要力量。早在革命战争年代,就有一批又一批军人到地方工作,为夺取中国革命胜利建功立业。新中国成立后,大批退役军人到地方工作,为加强政权建设、恢复和发展国民经济作出了重要贡献。在新的历史时期,广大退役军人顾全大局、无私奉献,在不同领域均取得了骄人业绩。

本书编写组的多名编者来自军队,在军队中学习、工作、成长,而后退役投身地方建设中来。在本书的编写过程中,编写组的同志们站在讲政治的高度,饱含为军服务的深情厚谊,力争以职业生涯规划为突破口,在退役军人就业帮扶这个领域发挥"融通"力量、体现"融通"担当、彰显"融通"责任。我们衷心希望本书的出版,能够成为退役军人就业发展的指路明灯。

本书编委会

2022 年 8 月